NACIDAS PARA EL PLACER

Nacidas para el placer
Instinto y sexualidad en la mujer

Dra. Mireia Darder
con la colaboración de Sílvia Díez

ʀɪɢ rigden institut gestalt

Título
Nacidas para el placer
Instinto y sexualidad en la mujer

Primera edición: **Marzo de 2014**
Primera reimpresión: **Abril de 2014**
Tercera reimpresión: **Mayo de 2016**

© 2013, Mireia Darder Gimenez-Zadaba-Lissón

© 2014 para la edición en castellano
Rigden Edit, S. L.

Diseño de cubierta
Rosa Morera Cortés

Maquetación
Mauro Bianco

Fotos
Carlos A. Schwartz

Impreso
Artes Gráficas Cofás, S. A.

Impreso en España

Depósito Legal
M. 1.345-2014

ISBN
978-84-939172-9-6

RIGDEN EDIT, S.L.
RIGDEN-INSTITUT GESTALT
Verdi, 92, 1.ª planta
08012 Barcelona
www.rigden-institutgestalt.com
e-mail: info@rigden-institutgestalt.com

Reservados todos los derechos. Queda rigurosamente prohibida, sin la autorización escrita de los titulares del copyright, bajo las sanciones establecidas en las leyes, la reproducción parcial o total de esta obra por cualquier medio o procedimiento, comprendidos la reprografía y el tratamiento informático, así como la distribución de ejemplares mediante alquiler o préstamo público.

A mi bisabuela, María Dolores Serrano
de Quirós Arias de Saavedra,
pues gracias a su pasión existimos todos.
A mi abuela.
Y a mi madre.

Índice

Agradecimientos 11
Mi historia como mujer: de la inhibición a la plenitud 13
Mis miedos al escribir este libro 23

I. LA MUJER DEL SIGLO XXI,
   UNA MUJER LLENA DE FISURAS 29
   El disfrute de Tiresias 30
   La mujer del siglo XXI en la intimidad 31
   ¿Nosotras podemos elegir? 39
   La exigencia y la perfección matan el placer 42
   El modelo de ellos, entre dos aguas 44
   Cómo vive su sexualidad la mujer de hoy 48
   El cuerpo de la mujer como algo que cambiar y controlar .. 49

II. LA CONSTRUCCIÓN SOCIAL
    DE LA MUJER ACTUAL 53
    La sexualidad en el marco patriarcal:
       «ella es para los otros, él es para sí» 57
    La mujer no tiene deseo 58
    Las mujeres son fieles 64
    La mujer no puede ser una puta 65
    La mujer es culpable y suele equivocarse 67
    La mujer es dependiente, frágil, sumisa
       y una víctima a la que se debe proteger 69
    La mujer no es divina 71
    La mujer no es agresiva 72
    Recuperar a Kali 77

III. HISTORIA DE LAS IDEAS
QUE HAN CONSTRUIDO A LA «MUJER» 81
  El nacimiento del patriarcado 81
  Mitos que explican el cambio de mentalidad 87
  Una mujer sin poder 90
  El significado de ser virgen 92
  El matrimonio 93
  El poder de los cuentos 94
  La culpa 97
  Las ideas psicológicas 101
  Ideas médicas erróneas sobre la sexualidad de la mujer 109
  La histeria 114
  El dolor 115

IV. LA IDEOLOGÍA PATRIARCAL 121
  La sociedad del cansancio 124
  Abusos y violaciones en la sociedad patriarcal 127
  La regla 134
  Recuperar el deseo 137
  Conclusión 139

V. OTRAS REALIDADES MÁS ALLÁ
DEL PATRIARCADO 141
  La creencia hace la biología 143
  El ejemplo de los bonobos 146
  Todos somos bisexuales 151
  El clítoris, el órgano del placer 155
  La plasticidad femenina 158
  Mitos sobre la sexualidad femenina 161
  La dificultad de mantener el modelo familiar 164
  Amor, sexo y biología 167

VI. EL NUEVO MODELO 169

En qué realidad vivimos 169
Otros modelos culturales en los que la sexualidad
   no sigue el patrón patriarcal 173
Las mujeres miradas sin la ideología patriarcal 176
Una propuesta de transformación 178
Conectar con nuestra naturaleza:
   el cuerpo y lo que perdimos por el camino 179
¿Cómo perdimos a Dionisos? 181
¿Cómo afectó a los cuerpos? 183
¿Cómo afecta esto a las mujeres? 186

VII. ¿QUÉ PROPONGO? 191

¿Cómo culminar el proceso de transformación? 192
El deseo en la nueva mujer 203
Una vez despertado el deseo, ¿cómo llegamos al goce? 205
La importancia de perder el miedo 209
Relación entre sexualidad y espiritualidad 212
Testimonios de espiritualidad y sexualidad 215
Las nuevas relaciones hombre-mujer 218
Hacia una nueva cultura a través de una nueva conciencia .. 222
El soporte de la comunidad 223
Pasos logrados, pasos por recorrer 225
Una nueva visión de la regla 228
Recuperar la relación madre-hija 233
Una escuela de contacto y sexo 237
Mi sueño, nuestro sueño 239

Bibliografía esencial 243

Agradecimientos

A Sílvia Díez, porque sin ella este libro no sería lo que es, porque me ha ayudado con su capacidad para transformar en palabras comprensibles las ideas que estaban en mi cabeza. Tampoco sería como es, porque en muchos momentos hemos escrito juntas. También le doy las gracias por acompañarme en todo el viaje de (auto)descubrimiento, de creación y de iluminación de muchas zonas que estaban oscuras.

A Ramón, mi pareja, por encajar en mi vida sin que tenga que cambiar nada, por acompañarme a un ritmo con el que podemos avanzar juntos. Le agradezco también sus aportaciones, sus críticas y su colaboración en algunos capítulos. Gracias por haberme soportado durante todo el tiempo que he robado a nuestra relación para dedicarlo al libro.

Quiero dar las gracias a todas las personas que han estado dispuestas a explicar sus experiencias y sus teorías sobre la sexualidad cuando les he preguntado sobre un tema que siempre se mantiene en la oscuridad.

Tengo en el pensamiento a Luis Santiago, que ha ampliado mi mirada sobre la violencia de género. También a Patricia, Ágata, Koldo, Teresa, Dolors, Marta, Eva, Fátima, Neus, Carina, Delia, Anna, Sara, Natalia, Jordi, Jimena, Dolors e Isabel, entre muchas otras personas a quienes quiero agradecer su confianza.

A mis padres, por la paciencia con la que han leído los borradores del libro, las reflexiones y críticas aportadas tras su lectura, así como las precisiones que han llevado a cabo en la bibliografía y las notas a pie de página incluidas en este libro.

Nacidas para el placer es el resultado de un viaje intelectual, psicológico y también físico ya que cada parte del libro ha tenido un marco de creación distinto: Port de la Selva, Montserrat, Fernando de Noronha (Brasil), San Miguel de Gustoso (Brasil), Tlanepantla (México) y Barcelona.

También quiero agradecer sus comentarios a Jorge, Joan, Paco, Francis y José Antonio, los terapeutas con los que he discutido mis descubrimientos y filosofado sobre ellos. No quiero olvidarme de Brasilia, por su explicación sobre la identificación de la mujer con la naturaleza.

Asimismo, quiero destacar también las ricas aportaciones que recibí de Azucena en la presentación de su tesina durante las jornadas de la Asociación Española de Terapia Gestalt (AETG) en 2013.

A Mónica y a Montse, por el trabajo realizado en un primer intento de dar forma a este libro.

Y a todas aquellas mujeres y aquellos hombres que ven con buenos ojos el hecho de que la mujer libere su sexualidad hasta el punto de abrazar el placer sin límites.

Mi historia como mujer: de la inhibición a la plenitud

Me parece relevante explicar, antes de iniciar este viaje, cómo ha sido mi camino a través de la sexualidad como mujer y como terapeuta gestalt y corporal. Es un camino de aprendizaje que no termina, un proceso de cuestionamiento y autoanálisis hasta llegar a este momento de mi vida, en el cual siento que disfruto de mi sexualidad con plenitud, una sexualidad conectada con mi instinto y mi poder femenino. Y por ello me considero afortunada, orgullosa de haberlo realizado porque, durante años, la sexualidad que sentía vibrar en mí representaba algo crucial en mi vida pero que, en cambio, no podía mostrar.

Mis primeros juegos relacionados con el descubrimiento de mi sexualidad empezaron a una edad temprana con un chico tan joven como yo y duraron hasta que ambos tuvimos alrededor de veinte años. A lo largo de este tiempo, disfrutamos explorando nuestros cuerpos con libertad en un entorno que considerábamos totalmente seguro. Esto podía estar asociado también al hecho de que no sentíamos la presión de la penetración, aunque esta vivencia no estaba exenta de momentos de temor ante el descubrimiento de la propia sexualidad, nueva y desconocida. Nos entregábamos a la experiencia llenos de tiempo y curiosidad. Todo resultaba bonito, placentero y lúdico. No había creencias que nos determinaran a la hora de acariciarnos ni de satisfacer nuestra curiosidad. Tampoco teníamos la sensación de estar haciendo algo malo o prohibido, siempre que lo mantuviéramos en la clandestinidad. Creábamos un espacio mutuo apartado del mundo donde jugar y explorar.

Nunca se me ha transmitido que la sexualidad fuera algo

peligroso. He tenido esa suerte, ya que, como amiga y como terapeuta, he visto que no era lo más habitual. A pesar de esto, siempre he estado inmersa en el miedo, no solo ante el sexo, sino ante la vida en general, y he llevado el peso del gran tabú: «no te puedes quedar embarazada, mientras eso no ocurra no hay problema».

Tenía veinticinco años cuando me inicié en la terapia humanista, empezando precisamente con un *stage* de sexualidad en el que se trabajaban el miedo a la homosexualidad y al incesto, entre otras cuestiones. Allí aprendí a distinguir entre lo que yo deseaba y lo que el otro quería de mí. Y cuando pude expresar mis deseos, me sentí completamente respetada por mis compañeros. Aprendí a decir «¡Basta!» y a sentir que tenía derecho a poner mis límites.

Exploré cómo era mi relación con las mujeres y resultó placentero y divertido. Me di cuenta de que me excitaba tanto como cuando estaba con un hombre y, además, el encuentro de nuestros cuerpos, tan similares, me parecía muy bello. Fue conmovedor.

Tras este *stage*, tuve un sueño revelador. Estaba en una casa de campo y participaba en un ritual de magia. Yo era una mujer primitiva que sostenía un bebé en brazos. Y, de pronto, acercaba mi boca a él con la firme intención de comerme su barriga. Durante dos días estuve tan asustada que era incapaz de contar el sueño. Pero, al trabajarlo en terapia, comprendí que expresaba mi necesidad de reencontrarme con el instinto y el amor devorador. Se trataba de la fuerza animal que había en mi interior, la misma que nos permite a todos mantenernos vivos a pesar de nuestra insistencia en frenar este impulso y reprimirlo. No percibimos que con este empeño relegamos, al mismo tiempo que la agresividad, la fuerza de abrazar la vida. Este sueño me permitió conectar con mi poder como mujer más allá del arquetipo femenino asociado a la dulzura y al cuidado propios de la madre. Esta mujer más agresiva es aquella que asume las consecuencias negativas derivadas de su sexualidad. Respeta su fuerza. En la mitología hindú, la diosa Kali encarna este aspecto de lo femenino. Kali, cuyo nombre significa «la mujer negra, la madre negra», está representada con cuatro brazos: en una mano sostiene una cabeza cortada, mientras con otra empuña una espada, la espada del discernimiento. Se dice que la cabeza que sostiene es justamente el ego al que renuncia y renuncian quienes la adoran. Las otras dos manos simbolizan la falta de miedo y la fuerza espiritual. Son los cuatro ingredientes que, para mí, conforman una sexualidad plena y sin fisuras. Son los cuatro elementos que Kali abraza con libertad y sin miedo, y su deseo instintivo le permite vincularse con su esencia divina.

La sexualidad no debería ser algo que temer. En la mayoría de los casos he sabido poner límites y he podido dejar claro aquello que necesitaba y no quería de un hombre. Me he respetado y no me he perdido ni en el deseo ni en la emoción del otro. También he sido afortunada por vivir muchas experiencias enriquecedoras. En un momento de mi vida mantuve varias relaciones a la vez, sin engañar a nadie. Unos hombres lo vivieron mejor que otros, y yo me sentía inmensamente feliz. Además, tuve la fortuna añadida de contar con el apoyo de mi terapeuta, que me acompañó en todo sin juzgarme, alentándome a probar, curiosear y adentrarme en lo nuevo... Sin embargo, yo lo mantenía en secreto y en mi interior me consideraba distinta al resto de las mujeres.

En esa época descubrí a las autoras junguianas que hablaban sobre el poder de la mujer y de nuevos modelos de feminidad desconocidos para mí hasta entonces. Sus textos —apoyados en los trabajos del psicólogo alemán Carl Gustav Jung (1875-1961)— me ayudaron a ver que no era un bicho raro, sino que en otros momentos históricos habían existido modelos de mujer más próximos al mío. Todo ello me ayudó a deshacerme del miedo y a creer en mí misma, a reafirmarme en la expresión de mi deseo y en contemplar mi poder como algo saludable. El trabajo corporal también jugó un importante papel en este proceso. Me ha permitido desbloquear el cuerpo, deshacer tensiones y corazas, liberar energía, determinar mejor lo que quiero y lo que no quiero, requisitos importantes para disfrutar de la sexualidad con plenitud. También se requiere honestidad con una misma y mucha conciencia en cada momento para distinguir lo que te ocurre de lo que necesitas. Por ello, para no traicionarme a mí misma, no siempre propongo mantener pactos de fidelidad a mis parejas, sino que negociamos el marco de la relación que es posible para los dos. Tal y como explica Louann Brizendine en su libro *El cerebro femenino*,[1] es un mito que las mujeres son más fieles que los hombres: en realidad, cuando mantiene una relación estable, a la mujer se le despierta el deseo de mariposear con otros hombres. Las mujeres están biológicamente programadas para buscar el mejor macho para la reproducción y se ha comprobado que retienen más el semen del amante que el de la pareja.

A lo largo de mi vida, he pasado tiempos de soledad y momentos en los que he mantenido una pareja estable, disfrutando y aprendiendo mucho sobre mi sexualidad. Me he enamorado locamente y me han dejado, al igual que yo también he dejado a otros.

Hubo una etapa en la que la sexualidad con mi pareja ocupaba todo el espacio, era lo que más me llenaba e importaba. Mi deseo se convertía en algo instintivo y animal, podía comprender lo que era simplemente sentirse una hembra que desea completarse con un macho. Sé que no soy la única que ha tenido este tipo de experiencias en las que el instinto sexual se

---

[1] Brizendine, Louann. *El cerebro femenino*. Barcelona: RBA, 2007.

vuelve prioritario, y también conozco el miedo que me despertó el hecho de depender completamente de otra persona, un miedo que acecha a todas las mujeres a quienes nos gusta ser independientes y autosuficientes. Mis relaciones sexuales me llevaban a un estado de pérdida completa de la conciencia. Llegué a establecer con el otro una fusión y conexión cósmicas.

De hecho, descubrí entonces que la sexualidad puede brindarnos en algunas ocasiones el regalo de vincularnos con la espiritualidad, presente en todos nosotros, lo sepamos o no. La experiencia sexual más primitiva te puede llevar a fundirte con el otro en un viaje que parte de ti hacia el universo. En esos momentos las relaciones sexuales que mantenía me permitían estar en el espacio sin contención ni límite. Era como un viaje sideral a otra dimensión en la que mi yo se diluía y dejaba de existir. Las sensaciones me llevaban a flotar con el otro en el universo. Valérie Tasso —autora de *Diario de una ninfómana* (2003)— explica muy bien estas sensaciones generadas por las relaciones sexuales y para las cuales no hay palabras suficientes:

> Es como una mezcla de energía con la otra persona que me hace viajar y fundirme con el cosmos. La energía de mi orgasmo es una pequeña parte de mí que se va y acaba mezclándose con el universo. Es un viaje sideral que me lleva al infinito.

Tras un retiro espiritual, mientras meditaba —algo que forma parte de mi rutina cotidiana desde hace años— comprendí de repente que la misma energía que nos construye nos destruye. La vida es la muerte y la muerte es la vida. La misma energía que despierta a los volcanes es la que crea el universo y la tierra. Ante este *insight*, ante esta percepción, sentí cómo subía a lo largo de mi columna una poderosa energía en la que perdí la noción del «yo», como me ocurría durante las relaciones sexuales, pero con más intensidad y, en este caso, en soledad. En ese momento el dolor acumulado dentro de mi ser salió por la cabeza. Fue una experiencia completamente sanadora. Mi capacidad de expresión quedó más abierta que nunca y podía escribir de forma fluida. De nuevo, me llené de angustia por perder mi identidad. No dejaba de tener miedo, miedo a perderme. Me quedé tan aterrada que le pedí a mi pareja que no me llevara hasta esa sensación, que él, en cambio, podía transitar más fácilmente cuando teníamos relaciones sexuales. La sociedad no nos enseña a dar este salto hacia las sensaciones, sino más bien a detener el placer cuando hay el riesgo de perder el control. Yo he aprendido a soltarme poco a poco.

Posteriormente, en otras relaciones he descubierto que el contacto y la sensación son lo que me facilita llegar a la emoción. Abandonarse a las sensaciones y al cuerpo es lo más importante en la sexualidad. Esto es lo que yo y mis compañeros buscamos desarrollar en los *stages* de sexualidad que organizamos en el Institut Gestalt de Barcelona. Tal y como asegura el biólogo Humberto Maturana, hace falta reivindicar el poder de la ternura y la sensualidad en la sexualidad para que la persona pueda ampliar sus registros en cada encuentro sexual y, así, estos se conviertan en un auténtico compartir con el otro, en un encuentro de cuerpos, pero también de almas. Si nos damos permiso para explorar, todos poseemos una enorme capacidad sensorial que va más allá cuando se han disuelto los bloqueos del cuerpo mediante el trabajo corporal y tras un proceso de crecimiento personal.

A nivel corporal ha habido dos elementos fundamentales en mi proceso: el katsugen[2] y el sistema de Centros de Energía.[3]

---

[2] Creado por el maestro Haruchica Noguchi (1911-1976), el katsugen se centra en el movimiento espontáneo del cuerpo, un movimiento que nos acompaña desde que nacemos hasta que morimos. Este método busca disolver la disociación mente-cuerpo, origen de tantos desequilibrios, y recuperar la salud y la vitalidad que este movimiento conlleva. El katsugen conecta a la persona con su energía corporal y la anima a que la exprese sin

Ambos métodos me han permitido recuperar la conexión con mi cuerpo y su energía instintiva.

En mi caso, mi físico me ayuda a disfrutar de la sexualidad y también me resulta fácil establecer esa conexión instintiva que me salva de la prisión que conforma la cabeza, sobre todo en las personas que somos más racionales que emocionales. Es lo que hemos olvidado y no se nos enseña. La sexualidad es experimentar, estar abierto y ser fiel a lo que se siente sin traicionarse por seguir creencias o ideologías. Hay que dejarse ser desde lo que cada uno es. Se trata de desaprender para volver a entrenarnos en validar lo que sentimos y darlo por bueno independientemente de las reglas externas.

La mayoría de las mujeres actuales hemos alcanzado el feminismo desde la cabeza. Lo que propongo es recuperar nuestro poder desde el instinto, para que, a través de este, se manifiesten nuestra auténtica sexualidad y nuestra esencia. Solo así trascenderemos las contradicciones en las que estamos inmersas.

Veo a mi alrededor muchas mujeres que priorizan la seguridad a la satisfacción sexual. Viven en el dilema entre abrazar al hombre que despierta su pasión y deseo o a aquel que les

---

objetivos, simplemente por el placer de moverse, de contemplar el movimiento que surge de su cuerpo sin esfuerzo, que nace de la vida misma que nos recorre. De este modo, el cuerpo se autorregula con su inherente sabiduría, que nuestros miedos y condicionantes culturales no dejan emerger. Se practica sin música, para que la mente no se aleje del cuerpo, y con unos ejercicios previos de preparación.

[3] El sistema de Centros de Energía y el de Río Abierto derivan de los trabajos de la argentina Susana Milderman (1915-1974). Son dos métodos de autoconocimiento y transformación que utilizan el movimiento del cuerpo, la expresividad de la danza y los centros de energía (o chakras) del cuerpo como herramientas principales. Se trabaja con música y se realiza un baile grupal en el que se imitan los movimientos del profesor y, después, cada persona se expresa de una forma más libre. Con ello se liberan tensiones, se deshacen las rigideces derivadas de las actitudes ante la vida y se desbloquean el cuerpo y la mente, permitiendo así a la persona una mayor apertura en todos los niveles. Estos trabajos permiten equilibrar los chakras o centros de energía que conforman el organismo, expresar emociones y que la persona mire más a su interior, de forma que consiga armonizar cuerpo, mente y espíritu, tanto en sí misma como respecto a los demás.

proporciona seguridad. Otras buscamos más la intensidad. Imaginemos una sociedad en la que no hiciese falta renunciar a nada y la seguridad estuviera garantizada, entre otras cosas, porque los hijos son cuidados por toda la comunidad y no exclusivamente por sus progenitores. Algunas mujeres optarían por la libertad y otras seguirían prefiriendo una pareja estable. Todas tendrían lo que necesitan y quieren.

Muchas mujeres nos sentiríamos más libres en una sociedad en la que se permitiera más pluralidad de roles. Esto evitaría que haya personas que se ven excluidas y diferentes, o bien que optan por hacer lo que desean, pero siempre en la clandestinidad. Durante mucho tiempo, me he considerado distinta al resto de las mujeres por haber sido fiel a mí misma sin buscar una reafirmación exterior, un gran inconveniente en algunas ocasiones, porque sigo mi camino sin cuestionarme, y también una enorme ventaja, porque mi indicador de placer es, en la mayoría de los casos, mi barómetro para la acción, algo poco común en las mujeres. Confieso todo esto con cierta vergüenza porque soy consciente de que con ello quebranto algunas normas sociales. Lo hago en defensa de las mujeres, pero temo también que sean estas mismas las que se pongan en mi contra. Mi intención al arriesgarme a compartir mis experiencias es que otras mujeres se sientan más libres y puedan ampliar su visión de la sexualidad, se atrevan a experimentar aquello que desean. Si tanto las mujeres como los hombres nos guiáramos en las relaciones únicamente por el placer, nos ahorraríamos mucho sufrimiento y dolor.

Mi arquetipo de mujer existe: es Afrodita, la diosa del Amor, que surgió de la espuma del mar, tal y como expresa su nombre.[4] Para Afrodita, las relaciones constituyen encuentros

---

[4] Según la mitología griega, Afrodita, nombre que literalmente significa «surgida de la espuma», nació de la sangre y el semen del dios Urano cuando Cronos, hijo de este, le cortó los genitales a su padre por encargo de su madre, Gea, y los arrojó al mar. Existe otra versión en la que Afrodita es hija de Gea.

que duran lo que duran y se disfrutan durante este espacio de tiempo, sea el que sea, mientras proporcionan placer. Yo te acompaño este trozo de camino... Como dice este fragmento de la conocida oración de Fritz Perls (1893-1970), uno de los fundadores de la gestalt:

Yo soy yo. Tú eres tú. Yo no estoy en este mundo para cumplir tus expectativas. Tú no estás en este mundo para cumplir las mías. Tú eres tú, yo soy yo. Si en algún momento o en algún punto nos encontramos, será maravilloso. Si no, no puede remediarse.

No he tenidos hijos, aunque lo hubiera deseado. Nunca me he quedado embarazada. No puedo saber si ser madre hubiera modificado mi visión. Pero, para mí, instinto, cuerpo y movimiento son sinónimos de vida y bienestar. ¿Cómo puedo pensar que hay algo malo en seguirlos? Y de este «estar bien», de esta satisfacción es de donde surge la necesidad de escribir este libro para compartir lo que he aprendido.

Nacidas para el placer está concebido con la idea de que la mujer mejore su nivel de satisfacción con la vida y con su sexualidad. Todo el mundo admite que los hombres tienen que aprender a desarrollar su parte emocional, mientras que nadie se plantea recordarnos que debemos desarrollar nuestro instinto sexual, lo cual no significa dar la espalda a la emoción ni a la ternura.

Muchas mujeres se han olvidado de jugar y del placer, y aún más del placer que puede surgir desde su cuerpo. Me gustaría abrir aún más a las mujeres las puertas de su sexualidad para que priorizaran esta fuente de vida y de placer. Sería maravilloso que se dieran todo el permiso para experimentar sin castigarse, rompiendo el modelo masoquista y de sacrificio que nos ha acompañado mayoritariamente. Quiero ofrecer a las mujeres una nueva mirada en la que se puedan decir con amor «esto es lo que soy», dejando espacio a lo que surge más allá de las etiquetas y de lo que está bien o mal.

La sexualidad es vida y nuestro instinto es lo más poderoso que tenemos porque, entre otras cosas, es lo que nos permite seguir vivos y contiene una sabiduría ancestral. ¿Por qué renegar de él?

Solo las mujeres pueden definir lo que es femenino o no y nadie tiene derecho a decirles «esto no encaja»: si se da en una mujer, también es femenino. Las mujeres podemos recuperar nuestra fuerza porque esta nos da placer y nos enraíza con la vida.

Mis miedos al escribir este libro

Al escribir este libro se han despertado en mí distintos miedos que se suman a esta emoción ya de por sí presente en mi vida.

Tengo miedo a que *Nacidas para el placer* se malinterprete y se utilice para criticar aún más a la mujer justificando actitudes machistas y patriarcales. Mi intención es totalmente la opuesta. Los argumentos que expongo quieren demostrar que el encasillamiento y la opresión a los que nos vemos sometidas —y a los que creemos estarlo— por el hecho de ser mujeres carecen de sentido. Constituimos la mitad de la humanidad. Nuestra sociedad nos pone un corsé invisible —copiando la expresión de Abécassis y Bongrand—[5] que nos atrapa y limita.

No estoy a favor de que ocupemos solo el rol que se nos ha asignado. En su libro *Teoría King Kong*, la escritora Virginie Despentes afirma:

> [...] un Estado omnipotente que nos infantiliza, que interviene en todas nuestras decisiones, por nuestro propio bien, que —con la excusa de protegernos mejor—, nos mantiene en la infancia, en la ignorancia y en el miedo al castigo y la exclusión. El tratamiento de favor que hasta ahora estaba reservado a las mujeres, con la vergüenza como punta de lanza que las mantenía en el aislamiento, la pasividad, la inmovilidad, podría ahora extenderse a todos.[6]

---

[5] Abécassis, Éliette y Bongrand, Caroline. *El corsé invisible. Manifiesto para una nueva mujer*. Barcelona: Urano, 2008.
[6] Despentes, Virginie. *Teoría King Kong*. Barcelona: Melusina, 2007, p. 26.

No escribo este libro para que continuemos en el papel pasivo, infantil, apartado y excluido, lleno de culpa y de miedo, que nos han inculcado. Escribo para que podamos tomar el poder y decidir porque, parafraseando la canción de Ketama, «no estamos locas y sabemos lo que queremos». No necesitamos que los demás nos digan qué nos conviene, como tampoco necesitamos que nos protejan por nuestro bien. Tenemos fuerza y capacidad instintiva suficientes para resolver nuestros problemas.

Nacidas para el placer tiene la intención de contribuir a que podamos disfrutar más de nuestro cuerpo y del placer que surge de él, para que podamos seguir ese camino si es lo que queremos, para que dejemos de sufrir, consigamos lo que queremos y vayamos a por ello.

Deseo que nos permita estar más sanas y mostrarnos tal cual somos. En los mismos términos que emplea Virginie Despentes: gordas, viejas, feas, bajas, altas, con celulitis, con granos, con pelos, seres con fuerza, sexuales, seductoras, agresivas, dulces, divinas, bellas, cuidadoras, independientes, autosuficientes, espirituales, abusadoras, incestuosas, putas, exhibicionistas, histéricas, dependientes, emprendedoras, valientes, asesinas, abortadoras, irresponsables... Para que todo lo que deseemos ser y hacer sea posible y una elección personal, asumiendo las consecuencias que esto tiene y, por tanto, responsabilizándonos de nuestras acciones y de nuestra vida.

Escribo para que se nos respete, para que no se nos culpabilice de todo y podamos tomar el poder personal que está en nosotras, aunque lo escondamos. Escribo para deshacernos de la culpa que nos pesa. No se puede seguir achacándonos la culpa cuando sufrimos abusos o violaciones o son nuestras hijas quienes los padecen. Escribo para que asumamos que somos poderosas y tenemos la fuerza suficiente para defendernos. Aunque nos cueste aceptarla, en mayor o menor medida, esta también forma parte de nosotras mismas. Merecemos respeto, tanto por nuestra fuerza como por nuestra fragilidad. Tenemos tantos derechos cuando nos mostramos tristes, llorosas, inteligentes o vulnerables como cuando desplegamos nuestro potencial, capacidad de decisión, de agresividad, deseo sexual, poder de manipulación... Nadie tiene derecho a juzgarnos ni a decidir por nosotras.

Quiero que este libro sirva para que podamos ser más felices en las relaciones con nosotras mismas, con los demás, con los hombres o con quien sea nuestro objeto de deseo. Quiero que permita apartar la exigencia de tener que ser de una manera determinada para ser aceptada. Deseo que las relaciones puedan ser como queremos que sean, y que eso nos lleve a sentirnos felices y satisfechas de cómo somos y de cómo lo hacemos.

Nacidas para el placer debe servir para que las mujeres crean en su poder y capacidad para el placer, en la posibilidad de manejar su vida por sí mismas, si tal es su voluntad, o bien de decidir ponerla en manos de otro, cuando así lo crean conveniente por decisión propia.

Pretendo ayudar a que las mujeres se conecten con su cuerpo y sus necesidades, con su deseo, con su capacidad de sentir y de emocionarse, actuando desde la libertad que proporciona el hecho de saber que son y actúan desde la auténtica esencia de sí mismas. Y en consecuencia, tengo miedo de ser encasillada como una mujer que dice barbaridades sobre el sexo, que es una puta por haber tenido muchas relaciones o porque admite que tiene deseo y le gusta el sexo y disfruta con él. Me he planteado mucho cuánto podía decir sobre mí y sobre mi sexualidad, sabiendo que corría el riesgo de ser castigada por ello. Espero que el libro sirva para que, después de leerlo, las mujeres tengan menos miedo de confesar lo que son, para que puedan mostrarse sin ser etiquetadas o agredidas por ello.

Al empezarlo, han surgido muchos miedos que se acentuaron al saber la suerte que han corrido algunos sexólogos relevantes de la historia, y temo lo mismo, aunque no me considere investigadora ni pionera como ellos lo fueron. Kinsey, Masters y Johnson, Hite, Despentes y otros muchos han hablado de sexo y han sufrido represalias por ello. Creo que merece la pena recordar lo que les ocurrió para darnos cuenta, ahora que ha pasado el tiempo, del miedo y los tabúes que han rodeado la sexualidad y que aún están vigentes en muchos casos. Confío en que esto también ayude a cada uno de nosotros cuando, a lo largo de la lectura de *Nacidas para el placer*, nos encontremos con nuestros propios límites en este aspecto.

Alfred Kinsey (1894-1956) afirmó en 1948 que, según sus estudios sobre el comportamiento sexual de la población estadounidense, el 62 % de las mujeres se masturbaba. Además, concluyó que las personas podían cambiar de orientación sexual a lo largo de la vida y que, de acuerdo con los datos recogidos en el país, el 37 % de los hombres y un 13 % de las mujeres habían vivido alguna experiencia homosexual. No tardó demasiado en ver destrozadas su vida y su carrera: un comité del Congreso estadounidense lo acusó de ser comunista y se le retiraron las becas para la investigación. Algunos aseguran que estos hechos aceleraron su muerte.

La sexóloga Shere Hite (1942) tuvo que cambiar completamente su vida después de publicar sus investigaciones y, huyendo del acoso y derribo que la prensa ejerció sobre ella, se vio obligada a abandonar Estados Unidos para instalarse en Alemania. Al parecer, la sociedad patriarcal de la época no pudo soportar que Hite asegurara sin tapujos que un 70 % de las mujeres no alcanza el orgasmo con la penetración vaginal y sí lo hace con la estimulación del clítoris.

No le fue mejor al matrimonio formado por William H. Masters (1915-2001) y Virginia E. Johnson (1925-2013), conocidos como Masters & Johnson. Al publicar su obra *Heterosexualidad* (1994), en la que hablaban de cómo se transmitía el virus del sida, fueron tomados por unos irresponsables y muchos de sus pacientes dejaron de acudir a su consulta. Se cumple de nuevo, o eso parece, la maldición de quien —sexólogo o no— se atreve a cruzar ciertas líneas preestablecidas. Romper creencias nunca es fácil, abrir la mente a aquello que nos es ajeno y nos saca de nuestra zona de comodidad cuesta, pero si esto atañe a cuestiones sexuales que sustentan la base del sistema, entonces el riesgo de que toda la sociedad se gire en nuestra contra es aún mayor.

Por su parte, la novelista y cineasta francesa Virginie Despentes (1969) recibió un alud de críticas tras publicar sus primeras novelas, *Fóllame* (1993) y *Perras sabias* (1997), y fue víctima de un incómodo acoso público.

Todo ello se suma a mis miedos personales que he querido expresar aquí.

Pero me he decidido a afrontar estos miedos para defender el derecho de la mujer a no ser perfecta y para animarla con ello a renunciar a su autoexigencia constante, fruto del sistema ideológico patriarcal que la oprime. La analista junguiana June Singer (1920-2004) escribió:

> Una persona sabia dijo una vez que el objetivo del principio masculino era la perfección y que el objetivo del principio femenino era la realización, la terminación. Si eres perfecta, no puedes estar realizada, completa, porque debes omitir todas las imperfecciones de tu naturaleza. Si estás realizada, completa, no puedes ser perfecta, porque estar completa significa contener tanto el bien como el mal, el acierto y el error, la esperanza y la desesperanza. Así que tal vez sea mejor contentarse con algo menos que la perfección y algo menos que la realización. Quizá tengamos que estar más dispuestas a aceptar la vida como nos viene.[7]

---

[7] Murdock, Maureen. *Ser mujer: un viaje heroico*. Móstoles: Gaia, 1993, p. 194.

I.
LA MUJER DEL SIGLO XXI, UNA MUJER LLENA DE FISURAS

Con cualquier pretexto, los derechos de las mujeres son aplastados. [...] La primera en sufrir es siempre la mujer. No se trata de cambiar a las mujeres para que calcen en el mundo, sino de cambiar el mundo para que les calce a las mujeres. Las mujeres somos el 51 % de la humanidad, hacemos dos tercios del trabajo del mundo y poseemos menos del 1 % de los recursos. ¿Cómo no me va a dar rabia? Todo esto me hace hervir la sangre igual como me hervía a los quince años. Las cosas no han cambiado tanto.

ISABEL ALLENDE[8]

La mujer del siglo XXI es una mujer que piensa, vive y actúa de una manera muy diferente de sus abuelas y bisabuelas. Pero si bien dispone de un lugar nuevo en la sociedad, continúa llevando en ella los modelos de las mujeres de su familia, ignorando el papel festivo regenerador y estructurante de la sexualidad.

DANIÈLE FLAUMENBAUM[9]

---

[8] Conferencia magistral de Isabel Allende en el Segundo Congreso Internacional La Experiencia Intelectual de las Mujeres en el Siglo XXI, celebrado en marzo de 2012. <http://www.youtube.com/watch?v=tPuXKvHFtlE&list=PLC747DF3F43D079B7>.

[9] Flaumenbaum, Danièle. *Mujer deseada, mujer deseante*. Barcelona: Gedisa, 2007, p. 177.

El disfrute de Tiresias

Cuenta la mitología griega que un día Zeus y su esposa Hera estaban enzarzados en una agria pelea porque, al parecer, la diosa estaba muy enfadada con su marido por haberle sido infiel. Zeus se defendía asegurando que tenía derecho a estos deslices puesto que la mujer disfrutaba más del sexo que el hombre.

Como no se ponían de acuerdo, se les ocurrió que solo alguien que hubiera sido hombre y mujer al mismo tiempo podía resolver esta disputa sobre la intensidad del placer que la sexualidad generaba en cada caso. Tiresias era el único que había tenido el privilegio de haber experimentado la sexualidad desde las dos vertientes, primero como hombre y después como mujer. Nacido hombre, Tiresias fue convertido en mujer tras haber contemplado el acoplamiento de dos serpientes. Siete años después, volvió a encontrarse a las mismas serpientes en idéntica situación y recobró su sexo masculino.

Cuando Hera y Zeus le preguntaron sobre cuál de los dos sexos obtenía mayor goce, Tiresias no dudó: «La mujer experimenta nueve veces más placer que el hombre».

Hera, ofendida por haber descubierto su secreto, lo castigó dejándolo ciego. Cuando Zeus se enteró de ello, quiso compensar el maleficio y otorgó a Tiresias una larga vida y el don de la profecía.

Parece que reivindicar nuestra capacidad para disfrutar del sexo no está bien visto ni aceptado por nuestra cultura. En este mito, incluso Hera quiere mantenerlo en secreto y ocultarlo. ¿Por qué la mujer reniega de su capacidad innata para disfrutar del sexo? Incluso después de haberse despojado de los grandes corsés y viviendo de un modo completamente diferente a cómo lo hacían sus abuelas y las madres de sus abuelas, después de haber sufrido generación tras generación una larga historia de represión, la mujer actual, la del siglo XXI, sigue dando la espalda al placer sexual en muchos periodos de su vida, un instinto que está en ella y que rechaza o no prioriza sin siquiera ser consciente de ello. La mujer de hoy ocupa un lugar nuevo en la sociedad, pero siguen vigentes en ella los modelos femeninos de su familia, unos patrones desvinculados del placer en general y del sexual en particular.

LA MUJER DEL SIGLO XXI EN LA INTIMIDAD

> Las mujeres han avanzado mucho, pero no son más felices.
>
> CAMILLE PAGLIA[10]

Si bien la mujer ha dado un salto importante y ocupa un puesto muy distinto en la sociedad actual al que ocupaba años atrás, en la intimidad siguen vigentes los viejos patrones que le impiden disfrutar de su libertad y plenitud. La sensación de vacío e insatisfacción persigue a las mujeres y el cansancio es su tónica de vida.

Efectivamente, es tiempo de mujeres, pero los cambios experimentados por ellas no son internos. Para competir en el mundo del trabajo y conseguir un lugar en la vida pública, la mujer se ha esforzado en cultivar capacidades y habilidades que tradicionalmente se han asociado a los hombres. Incluso en los deportes, la mujer está rompiendo límites y juega al fútbol, levanta pesas y boxea. Pero no por ello la identidad de la mujer está realmente centrada en ser una persona por derecho y valor propios. Es decir, en nuestro interior aún se siente en muchos casos el dolor de no ser realmente una mujer si no se tiene un esposo, hijos o no se es capaz de atraer a un amante, algo que limita los patrones de pensamiento y la expresión del ser. Son cre-

---

[10] Bonnet, Joanna. «Radiografía del posfeminismo». «El País Semanal», *El País*, 2 de junio de 2013.

encias arraigadas aún en nuestro interior que limitan las opciones de la mujer. No importa lo que seamos capaces de hacer ni de lograr, si nuestra identidad sigue condicionada por estos valores y seguimos ancladas en la importancia de los roles de género.

Por otro lado, por mucho que hayamos conseguido en apariencia, la mujer sigue ocupando pocos puestos de poder y, a pesar de constituir el 50 % de la humanidad, controla tan solo el 1 % de los recursos. Si se tiene en cuenta que en nuestras sociedades solo se respeta a quien posee propiedades y recursos, la inmensa mayoría de nosotras sigue sin tener un reconocimiento.

He aquí una denuncia de cómo es la realidad a la que debemos enfrentarnos cada día. Sheryl Sandberg, directora operativa de Facebook y un ejemplo de triunfadora, está convencida de que los verdaderos enemigos de la mujer son los frenos que ella misma se pone.[11] Según Sandberg, las mujeres tienen que adquirir de una vez por todas la seguridad en sí mismas, pues con esta, y con apoyo en el hogar, «pueden con todo» y son capaces de conseguir lo que se proponen. Además, añade, conviene recordar que ellas tienen mucha más tendencia que los hombres a subestimarse, mientras que estos se sobrevaloran constantemente:

> Un estudio realizado en los dos últimos años sobre las personas que ingresan en el mercado laboral desde la universidad mostró que el 57 % de los hombres negociaba su primer salario, frente al 7 % de las mujeres que lo hacía. Y aún más importante: los hombres se atribuyeron el éxito a sí mismos y las mujeres lo achacaron a factores externos. Esta cuestión es importante porque nadie consigue el éxito si no está convencido de que se lo merece o si, al menos, no reconoce su propio éxito y valor.

---

[11] Sandberg, Sheril. «¿Por qué tenemos tan pocas dirigentes mujeres?», conferencia en TED, diciembre de 2010. <http://www.ted.com/talks/sheryl_sandberg_why_we_have_too_few_women_leaders.html>.

Estamos a merced del otro para que reconozca nuestros logros y no los reconocemos en nuestro interior.[12] En esto Sandberg tiene razón. Sin embargo, no estoy de acuerdo en dejar todo el peso de la responsabilidad en la mujer y en que solo dependa de ella el cambio necesario para que se dé una auténtica igualdad y que nos lleguemos a valorar. Me preocupa que Sandberg asegure que ella «puede con todo» pues, como veremos después, esto es un síntoma más de la ideología patriarcal en la que estamos inmersos hombres y mujeres. Además, no tiene en cuenta tampoco que existe un sistema de creencias patriarcales que desempeña un papel importante, una serie de mecanismos de represión invisibles y psicológicos que actúan sobre las mujeres para que no se sientan con derecho a luchar por lo que quieren.

Esto ocurre en el ámbito profesional, pero también en el personal. La mujer no se cree merecedora de disfrutar consiguiendo lo que desea y sentir placer por ello. Esto se manifiesta constantemente en el plano sexual, donde la mujer no se permite buscar su placer sin límites y su satisfacción plena. He visto a muchas mujeres sufrir con su sexualidad y la expresión de esta en un momento u otro de su existencia, y al contrario de lo que se cree, las causas de este fenómeno no deben buscarse solo a nivel individual, sino también a nivel cultural y social. Conozco a muchas mujeres insatisfechas sexualmente que ni siquiera lo consideran un problema. Simplemente se resignan o aseguran que el sexo no es para ellas.

---

[12] En España existe una importante brecha salarial —los hombres ganan, como media, 5.744 euros más al año que las mujeres por un trabajo de igual valor, es decir, un 22,55 %—, según un informe de UGT publicado en febrero de 2013 que analiza los últimos datos del INE publicados en 2010. Las mujeres representan un 37 % de las plantillas de las empresas cotizadas, pero solo el 22 % de los mandos medios, el 11 % de la alta dirección y el 10,5 % de los consejos. Además, se produce un descenso en la tasa de fecundidad: 1,36 hijos por mujer, entre los más bajos de Europa, y el abandono de los puestos de trabajo por aquellas que tienen un hijo. La española media retrasa cada vez más la maternidad, hasta cumplir los 31 años; un 51 % de las que trabajan no tienen hijos y el 85 % de ellas renuncia a tener un segundo por la dificultad de conciliar la vida laboral con la familiar, según datos del INE.

La sexualidad constituye la forma más intensa de contacto con uno mismo y con el otro al mismo tiempo. En el sexo confluye la relación que la persona mantiene consigo misma y con su cuerpo, una relación que, en buena medida, depende de la educación recibida y de la aceptación social del deseo sexual en una sociedad que lo ha perseguido, sobre todo en la mujer, llegándolo incluso a negar por completo. No estamos convencidas de que nosotras, como mujeres, somos seres sexuales con mucha capacidad para el placer.

¿Por qué se convierte en problema algo que es inherente al ser humano, que forma parte de su naturaleza y que es natural? Nuestra sociedad intenta apoderarse y controlar el placer sexual con el objetivo de mantener el poder sobre el individuo, su libertad queda acotada a los intereses del poder y sus reglas. Como aseguran Christopher Ryan y Cacilda Jethá, nuestra cultura ha declarado una guerra al deseo sexual.[13]

La sociedad actual ha llegado a un punto en que, al igual que ocurre en otros ámbitos, necesita abrirse a la libertad sin límites en todo lo que concierne a la expresión de la sexualidad, abrazarla como fuente de vida y de placer que nos arraiga a la Tierra y nos conecta con nuestra esencia y con la de los demás. Se trata de recuperar el instinto y de reconectarse con el cuerpo, el que habla de verdad sobre lo que somos, lo que nos va bien y lo que nos perjudica.

En este viaje que propongo he estado acompañada de distintas mujeres que me han contado cómo había sido su relación con la sexualidad. He compartido muchas experiencias de mujer como terapeuta y como amiga. Y todas coincidíamos en lo mismo: la sociedad no nos ha facilitado el desarrollo de nuestra sexualidad ni la expresión de la misma, sino más bien todo

---

[13] Ryan, Christopher y Jethá, Cacilda. *En el principio era el sexo. Los orígenes de la sexualidad moderna. Cómo nos emparejamos y por qué nos separa.* Barcelona: Paidós, 2012.

lo contrario, algo que no solo ocurre a las mujeres, sino también a los hombres. La pareja ha llegado a un lugar en el que es necesario un nuevo modelo más amplio y libre, más enriquecedor y satisfactorio para ambos.

He aquí varios relatos personales de mujeres sobre sus vivencias sexuales:

> Yo recibí una educación en la que el sexo era tabú y pecado. Me costó bastante tiempo entender que yo era la única dueña de mi cuerpo y que no hay nada de malo en disfrutar de él. A partir de aquí he evolucionado y descubierto que el sexo tiene una gran dimensión física, pero también emocional y espiritual. Creo que el sexo es un vínculo precioso entre dos personas si se hace desde la consciencia y la entrega mutua, dure esta el tiempo que dure. Pero sin olvidar el placer: sesiones largas de sexo, combinando penetración, estímulo clitoridiano y punto G, un intercambio sensual de mimos y guarradas varias... es muy divertido y estimulante. Una secreción de endorfinas a tope que te hace un lífting instantáneo. Creo que el sexo es la chispa de la vida, por más que la Coca-Cola quiera apropiarse del eslogan, aunque también siento que debes compartirlo con alguien con quien tengas una conexión emocional para poder experimentar, crecer y amarse mutuamente.

En ocasiones parece que a algunas mujeres se les ha anulado el deseo sexual desde el nacimiento, por el mero hecho de nacer mujer, y que han abandonado su capacidad de desear y de entregarse a ese deseo, de tomar el poder para satisfacerlo.

> Tuve mi primera relación sexual con dieciséis años. Nunca tuve una educación que viera el sexo como algo perjudicial, sin embargo sí he tenido una educación muy controladora. Así que llegué a perder mi virginidad soñando como una niña que ese momento cambiaría mi vida. Todo el mundo hablaba del amor y

del sexo... Si tanto protagonismo tenía, el sexo con un hombre tenía que ser la bomba, la piedra filosofal.

Y lo que tenía que ser el gran momento de mi vida se convirtió en la gran decepción. No me dolió, pero no sentí nada y se apoderó de mí una gran tristeza. Durante muchos años no disfruté del sexo o al menos no como deseaba: en la mayoría de las ocasiones no me corría; tampoco perdía la cabeza como me hubiera gustado que ocurriese. Empecé a masturbarme porque era la única forma de tener orgasmos cuando yo quería. Pensaba que era la única persona del mundo a la que le pasaba algo así, y esa creencia me hacía muy desgraciada. Dejé a este novio y tuve una relación con un hombre mayor que me descubrió la sexualidad desde una vertiente más libre y más amplia, pero siempre me seguía faltando algo que no sabía identificar. Creo que me mostró la sexualidad desde su punto de su vista y yo tenía que encontrar el mío. Mantuve relaciones con otras mujeres, pero siguiendo más el deseo del otro que el mío aunque también sentía curiosidad.

Ya divorciada, luchando por sacar adelante a mis dos hijos, la casa y además dar lo mejor de mí en el trabajo, llevaba una especie de doble vida: cuando estaban mis hijos, era la persona más disciplinada del mundo y, cuando se marchaban, tenía las aventuras más descabelladas y locas, alguna de ellas muy peligrosa. En la mayoría de los encuentros sexuales me sentía abusada, en el sentido de que ellos disfrutaban pero yo no. No me sentía tenida en cuenta ni vista y era incapaz de remediarlo. O me quedaba a medias o tenía que esforzarme para llegar al orgasmo. Nadie me juzgó por ir de relación en relación, pero iba de decepción en decepción. Me hubiera ido muy bien compartir mis experiencias con otras mujeres para no sentirme única y para mejorar la obtención de mi placer. A menudo, me pregunto también por qué le daba más importancia al placer del otro que al propio.

Las mujeres de más edad, como esta de sesenta años suelen haber sufrido más el peso de una educación machista y represora. Han crecido en un entorno donde la religión predicaba que el sexo era pecado mientras el patriarcado acababa por amordazar su gran capacidad natural para sentir placer.

Yo fui educada en el cristianismo más rígido pero, ya en la infancia, descubrí la masturbación como una fuente de sanación y de vida, pues viví una niñez llena de depresión y en ella el orgasmo clitoridiano me reavivaba. Eso sí, soñaba con demonios porque la masturbación era pecado. Al llegar a la adolescencia sentí más culpa porque debía llegar virgen al matrimonio y, al haberme masturbado, era pecadora y no debía serlo. Mi primera experiencia sexual fue a los once años y tuvo lugar en un coche... Más culpa y miedo a lo masculino. Con diecinueve, fui tocada por un hombre y sentí también mucho miedo y culpa. A los veintidós, después de que mi futuro marido insistiera, perdí mi virginidad. En la víspera de mi boda supe que él era bisexual y me transmitió una enfermedad después de haber estado con un travesti. Durante mi matrimonio tuve una vida sexual oprimida, sin nada de placer y siendo continuamente invalidada como mujer. De hecho, mi auténtica vida sexual comenzó después de romper este matrimonio en el que no tenía ni excitación, ni permiso para el orgasmo como forma de autocastigo. Inicié una terapia para resolver estos problemas sexuales. Este proceso terapéutico duró mucho tiempo, y con un amigo descubrí que la sexualidad podía ser fuente de placer. El trabajo sobre mí era un descubrimiento del valor de la mujer.

También hay mujeres cuya sexualidad se ha expresado con fuerza por ser más poderosa que cualquier condicionamiento, lo que les ha hecho sentirse como bichos raros, diferentes a las demás, y también ha sido motivo de sufrimiento:

Siempre me he sentido muy diferente y mucho más sexual que las otras mujeres que he conocido, y durante mucho tiempo me he sentido culpable por ello. Diría que siempre he tenido mucha mentalidad de hombre en cuanto al sexo se refiere y por ello me sentía una puta... Vamos, que me he ido a la cama empujada por mi sexo, no por mi cabeza. Me distingo de otras mujeres en que no soy romántica ni necesito ir al cine o una cena para irme a la cama. Hay muchos tabúes relacionados con el sexo y yo he practicado de todo: intercambio de pareja, he ido a locales, he hecho realidad mis fantasías... E incluso puedo hablar de mi sexualidad con mis padres y nos reímos. Pero es que ellos también son muy sexuales, incluso ahora, ya mayores. La infidelidad me ha hecho sufrir porque mi cuerpo me poseía, pero después de satisfacer mi deseo me embargaba un enorme sentimiento de culpa. Cuando me separé tenía veinticinco años; fue cuando descubrí mi sexualidad con todo su poder bestial. Experimenté la pasión más absoluta. Todo mi cuerpo se abandonó al más puro instinto. Nos arrancábamos la ropa, me pasaba todo el fin de semana sin salir de la cama, sin comer siquiera, y después, aunque convivíamos juntos, follábamos todos los días. A partir de ahí empiezo a reconocerme y mi sexualidad me asusta porque me veo diferente, aunque a mí me daba igual contar lo que hacía y me ocurría, pero me daba cuenta de que no encajaba. He sufrido mucho como mujer porque no entendía mi sexualidad, tan «heavy» porque la destilaba y se alejaba de lo convencional. Me ha ayudado mucho hablar del tema de una forma natural y sin tapujos.

Las generaciones de jóvenes menores de treinta años han conseguido liberarse y abrazar su deseo sexual en muchos casos de manera más abierta que sus predecesoras. De hecho, se atreven a tomar la iniciativa mostrándose incluso más agresivas a la hora de conseguir lo que quieren.

¿Nosotras podemos elegir?

En la sociedad occidental, las mujeres de hoy —a diferencia de nuestras bisabuelas— poseen, al menos de puertas afuera, la libertad para escoger el tipo de relación que quieren y la persona que desean que se convierta en su pareja. Como afirma la socióloga Natalia Tenorio Tovar, en un artículo en el que estudia las diferencias entre varias generaciones de mujeres mexicanas,[14] en muchos casos nuestras abuelas no pudieron decidir libremente con quién se casaban y se vieron obligadas a compartir la vida entera hasta la muerte con una única pareja, a pesar de que este hombre tuviera una amante o maltratase a su esposa. En cambio, nuestras hijas han tenido varias relaciones sin compromiso y no están pensando en casarse. El abismo entre una y otra generación de mujeres es importante, sobre todo en cuanto a su capacidad de elección. Es evidente que las relaciones se han democratizado y las mujeres pueden elegir lo que quieren con mayor libertad.

Pero, entonces, ¿dónde está el problema? Tendríamos que ser felices en las relaciones con los hombres y también con nuestra sexualidad. Sin embargo, el placer se mezcla con la insatisfacción, el cansancio y el sufrimiento. Existe un estrés importante para compaginar la vida profesional y la familiar, además de un alto nivel de soledad e aislamiento, porque no siempre es fácil compartir inquietudes con aquella persona con la que se está compitiendo en una sociedad que no tolera la vulnerabilidad. La pareja no soporta la presión.

El divorcio está a la orden del día, incluso a pesar de la crisis económica. En la península ibérica, por ejemplo, Cataluña registra el número de divorcios más elevado de la zona. Según el Consejo General del Poder Judicial (CGPJ), durante 2012 se

---

[14] Tenorio Tovar, Natalia. «¿Qué tan modernos somos? El amor y la relación de pareja en el México contemporáneo». México D. F., *Ciencias*, 99, 2010.

divorciaron en España 120.056 parejas, lo que supone un aumento de rupturas del 2 % respecto al año anterior. En 2006 se registraron 145.919 disoluciones matrimoniales, aprovechando la aprobación de la llamada ley del divorcio exprés. Cada día hay más personas que viven solas. Actualmente, en el Estado español el 42 % de la población está compuesto por *singles*, hombres y mujeres solteros, viudos, divorciados... En la década que abarca de 1991 a 2001, los hogares unipersonales han aumentado un 81,9 %, y lo han hecho en mayor medida los formados por un hombre solo, cuyo número casi se ha duplicado entre 2000 y 2008.[15]

También en Europa hay cada día más personas que optan por vivir en soledad. Parece claro que en nuestro siglo la relación entre hombres y mujeres tiene aún muchos retos pendientes por abordar. Los roles hombre-mujer se han desdibujado, son indefinidos, las funciones de cada miembro de la pareja no están claras como antes de que la mujer se integrara en el mundo laboral, una integración que conlleva la responsabilidad de que cada persona y cada pareja encuentre el modelo que se ajusta más a sus necesidades. No hay reglas preestablecidas, aunque sí muchas creencias limitantes de las cuales no somos conscientes.

Somos todos más exigentes en cuanto al grado de felicidad que nos debe aportar la pareja, de la que estamos más preocupados por que nos dé que por dar; tenemos unas altas expectativas respecto al amor y a la pareja que no ayudan a sostenerla cuando la realidad no alcanza los ideales preconcebidos. Pedimos a nuestra pareja que sea responsable, que nos cuide, que aporte seguridad, éxito profesional, aventura, sexo increíble... y encima —como señala la prestigiosa terapeuta especializada en

---

[15] Jarque, Jordi. «Cada vez vivimos más solos (y parece que nos gusta)», sup. «ES: Cuando vivir solo es un placer», *La Vanguardia*, 7 de abril de 2012.

relaciones de pareja Esther Perel— vivimos el doble de tiempo.[16] La pareja debe darnos la felicidad con mayúsculas, un concepto relativamente nuevo y una nueva exigencia para las personas que crecen en la sociedad que hemos creado en Occidente.

Los hombres se sienten perdidos: no saben cómo acompañar a esta nueva mujer que parece quererlo todo y que es autosuficiente en todos los sentidos. No queda prácticamente espacio para él. Giorgio Nardone añade que esta mujer liberada, profesional perfecta, atractiva, inteligente, de gustos autosostenibles, a quien le encanta controlar todos los aspectos de su vida, en muchas ocasiones acaba buscando como pareja a un hombre que se adapte, un hombre fácil de controlar y de quien, al cabo del tiempo, se acaba cansando porque lo encuentra demasiado débil e inmaduro.[17]

Tras distintas decepciones y fracasos en la pareja, la mujer acaba tirando la toalla y opta por la soledad. Le cuesta más integrar el *nosotros*. Le cuesta volver a entregarse a un hombre y vuelca todo su afecto en los amigos y en los hijos. Y este síndrome de *superwoman* implica soledad, fatiga, masculinización, hiperresponsabilidad, invulnerabilidad, autosuficiencia constante... De nuevo, un alto nivel de exigencia que nos hace incapaces de renunciar a un ideal de pareja que nos impide abrazar a la persona real. El psicoterapeuta alemán Bert Hellinger afirma:

> La gran felicidad espera fuera del paraíso. Solo hay crecimiento fuera del paraíso. Lo creativo empieza después de que fuéramos expulsados del paraíso. El gran amor empieza después de que hayamos pasado el amor paradisíaco.

---

[16] Perel, Esther. *Inteligencia erótica: claves para mantener la pasión en la pareja*. Madrid: Temas de Hoy, 2007.
[17] Nardone, Giorgio. *Los errores de las mujeres (en el amor)*. Barcelona: Paidós, 2011.

Y en palabras de la especialista en psicología femenina y escritora Marion Woodman:

> Luchar por la perfección es matar el amor porque la perfección no reconoce la humanidad. Por más energía que se emplee, el ego no puede llevar a cabo sus ideales de perfección porque hay otra realidad interior.[18]

LA EXIGENCIA Y LA PERFECCIÓN MATAN EL PLACER

Las mujeres «modernas» parecen convencidas de que la realización personal pasa por encontrar a la pareja perfecta, por ejercer una profesión, por tener además una vida más allá del cuidado de los hijos, con un cuerpo de medidas similares a las de las modelos que desfilan ante nuestros ojos día tras día... Antes nos conformábamos con ser una única cosa: buena madre, buena profesional, buena deportista, buena amante... En la actualidad tenemos que ser las mejores en todos los ámbitos. Para llegar a todos estos objetivos solo hay una posibilidad: desconectarse del cuerpo y, por tanto, del instinto, planificar y convertirse en un soldado disciplinado. El número de actividades que realizamos se multiplica y hay que estar ahí. Dejamos de estar presentes para poder llegar a todo y nos dejamos la vida persiguiendo la perfección y el éxito. No hay tiempo para la contemplación ni para saborear las vivencias, se pasa de una actividad a otra. Se reducen los espacios para descansar y relajarse. Básicamente, el ser humano —y la mujer en particular— ha perdido el contacto con la naturaleza y sus ciclos, procesos y tiempos. Trata de acumular cosas creyendo que eso le proporcionará la felicidad mientras se aleja del afecto y la tranquilidad, así como de los ciclos naturales, unos ciclos que están en nuestro cuerpo, sobre todo en el de la mujer. Sin embargo, la posibilidad de conexión con

---

[18] Woodman, Marion. *Adicción a la perfección*. Barcelona: Luciérnaga, 1994, p. 307.

estos ciclos acaba siendo casi remota en el mundo occidental. ¿Y qué lugar ocupa el sexo en todo este ajetreo?

Porque el ideal de la mujer blanca, seductora pero no puta, bien casada pero no a la sombra, que trabaja pero sin demasiado éxito para no aplastar a su hombre, delgada pero no obsesionada por la alimentación, que parece indefinidamente joven, pero sin dejarse desfigurar por la cirugía estética, madre realizada pero no desbordada por los pañales y por las tareas del colegio, buena ama de casa pero no sirvienta, cultivada pero menos que un hombre, esta mujer blanca feliz que nos ponen delante de los ojos, esa a la que deberíamos hacer el esfuerzo de parecernos [...], nunca me la he encontrado en ninguna parte. Es posible incluso que no exista.[19]

Esta definición de la mujer, que tomo de Virginie Despentes, me parece la más adecuada para resumir la problemática, las contradicciones y la gran exigencia que oprimen a la mujer de hoy. Una mujer sumergida en la insatisfacción permanente.

Vivimos en la cultura de la exigencia, aún mayor para la mujer que tiene que dar la talla justa —y es literal también a nivel corporal— en todo momento, en cualquier ámbito, edad y situación. El ideal anhelado es un individuo perfecto, pero descafeinado, sin instinto, sin pasión, que se ha acostumbrado a centrar tanto su atención en el exterior y en guardar las apariencias que a menudo vive completamente desconectado de su propio interior. Así, en muchos casos, el cuerpo acaba siendo un escaparate, una caja vacía al que solo se presta atención cuando duele o cuando no se corresponde a las expectativas. Es un vehículo, un esclavo de la mente. Vivimos disociados de él como si no fuera parte de nosotros y lo sometemos a nuestras ideas y voluntad sin escuchar la preciosa información que nos aporta sobre nuestro yo más auténtico.

---

[19] Despentes, *op. cit.*

Estas frases de Despentes a propósito de la mujer de hoy explican la gran presión que ésta sufre, escindida e inmersa en una contradicción en la que se le pide una cosa, pero después se le puede recriminar que sea demasiado y que, al lograr sus objetivos, ponga con ello en jaque el poder del hombre. Se le exige que sea eficaz, capaz, decidida, independiente, pero también se la puede acusar por ello de ser «menos mujer» o «menos femenina».

El ideal que nos han vendido, y que muchas mujeres y hombres han comprado en algún momento de su vida si no siempre, además de ser irreal, dibuja a una mujer sin instinto, sin sensaciones, sin pasión, sin poder propio, obsesionada la mayor parte del tiempo con cumplir las expectativas del otro. Es un patrón de mujer que vive en la indefinición y que, con tantos «peros», se niega una y otra vez a sí misma para ser tenida en cuenta en la sociedad, para poder ser amada por el hombre y no sentirse excluida del sistema.

El modelo de ellos, entre dos aguas

«Lo terrible y desolador es que ellas han asumido el rol de los hombres» aseguraba Marguerite Duras.[20] Y al asumir este papel, las mujeres nos hemos perdido, hemos olvidado nuestras necesidades y la riqueza de nuestra esencia. Tal y como afirma la pedagoga y terapeuta Maureen Murdock:

> Las mujeres se han identificado progresivamente con los valores masculinos de nuestra cultura, generando un desequilibrio interno dentro de sí que las ha dejado marcadas y heridas.[21]

---

[20] Duras, Marguerite y Gauthier, Xavière. *Les parleuses*. París: Minuit, 1974.
[21] Murdock, *op. cit.*

El progreso y la evolución que el feminismo ha liderado eran inevitables, pero en muchos casos la mujer aún está en el terrible dilema de desear ser aquella que fueron su madre y su abuela —mujeres que buscaban protección y que dedicaron toda su energía a la crianza y cuidado de los hijos— y, a la vez, erigirse en la profesional especializada que consigue el prestigio en su carrera y la independencia económica. El sentimiento de culpa está al acecho tanto si elige un camino o el otro y, así, se esfuerza en desempeñar ambos roles simultáneamente, pagando un alto precio hecho de responsabilidad y cansancio. Abécassis y Bongrand concluyen que, a los ojos de la sociedad, la mujer que escoge la vida familiar es, en el mejor de los casos, una cobarde, y en el peor, una inútil.[22]

Sin embargo, si la mujer no tiene hijos, es fácil que tanto ella como su entorno consideren que le falta algo, que no se ha desarrollado completamente. Se la mira con condescendencia porque no ha podido realizarse en su totalidad. Muchos piensan: «¡Pobre!».

Y es que la mentalidad tradicional sigue conviviendo con la moderna, con las contradicciones que esto conlleva en el interior de muchas mujeres del siglo XXI. Nos hemos «liberado» a costa de masculinizarnos perdiendo por el camino nuestra verdadera esencia y quedando ahora entre dos aguas, en tierra de nadie... Luchamos como un hombre fuera de casa, pero sacamos después la ternura con los hijos y recurrimos a la seducción ante la pareja. La mujer de hoy lleva varias vidas a la vez, pero le queda poco o ningún espacio para descubrir su interior sin exigencias, sus auténticas fuentes de placer para desarrollarse sin tener como referencia el afuera, libre y naturalmente, sin expectativas.

Puede haber muchas excepciones, por supuesto, pero después

---

[22] Abécassis y Bongrand, *op. cit.*

de funcionar como un soldado para llegar a todos los objetivos, ¿cómo aparta la mujer su obligación para conectar con su deseo? El cuerpo de la mujer, agotado por el esfuerzo continuado, por las dietas, por el ejercicio a menudo impuesto y no disfrutado, acaba existiendo solo como objeto inerte, tal vez digno de ser admirado, pero falto de pulsión. La mujer se ocupa más de su cuerpo para lucirlo que para disfrutarlo. Prefiere obtener la admiración que gozar de las sensaciones que se generan en él. Se ha olvidado de mirar hacia dentro para decidir qué es lo que ella desea. Si conectar con nuestro auténtico deseo ya es bastante difícil, además este no siempre se ajusta a las normas establecidas... Y no es sencillo porque

> su espíritu supuestamente liberado de la dominación masculina, se halla bajo la influencia de la sociedad en su conjunto, que parece conspirar contra la mujer. Pero todas esas reglas y normas no se ven, sino que están soterradas.[23]

Por otra parte, el deseo es imprevisible y no se lleva bien con las rutinas, sobre todo en el caso de la mujer, que mantiene una especial relación con su cuerpo, influida por el momento del ciclo en el que se encuentra y la cual depende mucho del flujo de sus hormonas, que afectan tanto su deseo sexual como su estado emocional.

En muchos casos la presión y la responsabilidad son muy altas. Las mujeres divorciadas ejercen como cabezas de familia buscando satisfacer las necesidades materiales y emocionales de sus hijos, todo al mismo tiempo. No les da tiempo de buscar un compañero o este no siempre quiere asumir la responsabilidad de cuidar a unos hijos que no son suyos y prefiere a una mujer sin tanta carga. Y pasan los años... Los hijos crecen y la mujer, que suele anteponer las necesidades de sus hijos a las pro-

---

[23] Ídem, p. 13.

pias, se encuentra sola y preguntándose no solo qué necesita, sino también cómo demonios puede averiguar qué desea, una cuestión que nunca antes se ha podido plantear ni mucho menos responder. En muchos casos, el divorcio también parece convertirse en el momento real de independencia de la mujer, el momento en el que ella toma las riendas de su vida, aunque ya fuera quien asumía más responsabilidades en el matrimonio.

Tuve mi primera relación sexual con penetración a los diecisiete años. A los dieciséis nos dábamos besos y nos acariciábamos... Esta primera vez resultó dolorosa por el miedo a lo desconocido. El resto de los encuentros fueron muy desiguales. Con los años, tuve una hija preciosa. Pude disfrutar de un embarazo tranquilo, pero sufrí una horrible cesárea porque perdí mucha sangre. Casi enseguida, tuve un hijo guapísimo tras un embarazo agotador: mi compañero no me ayudaba en absoluto en los momentos importantes. Menos mal que tuve la suerte de que mi segundo hijo era muy tranquilo y esto facilitó las cosas. Poco a poco, sin embargo, se creó un clima extraño en casa. Yo trabajaba como maestra y estaba siempre con mis hijos. Mi cansancio era cada día mayor y me dedicaba a mis hijos con satisfacción, pero no tenía ningún apoyo personal: mi compañero estaba cada vez más distanciado y no valoraba nunca mi esfuerzo. El sexo era rutinario y fugaz, sin caricias previas... Mi compañero se ocupaba de su trabajo, tenía sus caprichos pero no se hacía cargo prácticamente de ninguna de las obligaciones familiares. Además, aunque ambos trabajábamos, nunca llegábamos a fin de mes. Me hundí en una situación de tristeza a la que puse remedio con un tratamiento de psicoterapia. Mi compañero no quiso acompañarme en este proceso. Un año y medio después, decidí acabar con mi matrimonio. Fue difícil y traumático, lo tenía todo en contra: debía irme de casa con un montón de deudas que ignoraba que había contraído hasta ese momento. Pero volví a empezar. Los niños eran pequeños, pero fueron mi catalizador; mis padres y mis amigos me ayudaron. Tomé las riendas de mi vida. Trabajaba más que nunca, llevaba la casa, llegaba a fin de mes y mis hijos eran felices. Pero a menudo estaba muy cansada, la relación con mi excompañero resultaba muy difícil. No tenía un compañero sexual.

Cómo vive su sexualidad la mujer de hoy

La sexualidad de la mujer es el espacio que más se resiente de esta enorme exigencia, de las contradicciones y la falta de tiempo —y, por tanto, de libertad—, que deriva en una desconexión corporal. La mujer se ha olvidado de su cuerpo como fuente de placer y lo contempla como algo que debe modelar y domesticar para convertirlo en objeto de deseo y admiración por parte del hombre.

Estamos más preocupadas por nuestro aspecto que por las sensaciones y el deseo que el otro nos despierta. ¿Cómo entregarse al placer si la obligación y la preocupación nos devora? El médico obstetra francés Michel Odent y otros autores afirman que el desarrollo del cerebro intelectual no es un aliado en este sentido, sino todo lo contrario, más bien se convierte en una dificultad porque representa una fuente de inhibición del instinto y de la experiencia sexual. Louann Brizandine, autora de *El cerebro femenino*, lo confirma:

> Es contradictorio, pero la puesta en marcha sexual de la mujer empieza con una desconexión del cerebro. Los impulsos pueden correr hacia los centros de placer y disparar un orgasmo solo en el caso de que esté desactivada la amígdala, centro del temor y la ansiedad del cerebro. Antes de que la amígdala haya sido desenchufada, cualquier preocupación del último minuto —trabajo, niños, compromisos, servir la cena, poner la mesa— puede interrumpir la marcha hacia el orgasmo.[24]

---

[24] Brizendine, *op. cit.*, p. 99.

El mar de contradicciones en el que está sumergida la mujer actual repercute directamente sobre su sexualidad. La falta de deseo sexual es uno de los trastornos más frecuentes en la mujer hoy en día. Varios estudiosos sugieren que muchos trastornos menstruales del aparato genital femenino, en especial los crónicos, podrían estar originados por las contradicciones subconscientes que vive la mujer.

Por añadidura, durante siglos se le ha exigido que fuera sumisa, algo a menudo incompatible con la búsqueda de su placer, y que la obliga, en el caso de atreverse a hacerlo, a reunir el coraje suficiente para soportar el ser tildada de «puta». Si la mujer no se conecta con su cuerpo real e incluso a menudo se avergüenza de él, ¿cómo puede llegar a gozar y a descubrir todo el potencial que encierra su sexualidad?

El cuerpo de la mujer como algo que cambiar y controlar

Existe la creencia de que la mujer se sentirá mejor con ella y con su sexualidad si tiene un cuerpo perfecto. Como si el propio cuerpo no lo fuera tal y como es. Por ello, las mujeres se sienten mejores y más satisfechas con ellas mismas en la medida en que mutilan su cuerpo para que se parezca al ideal que el hombre desea, aunque las mismas mujeres sean finalmente las más apegadas a este modelo ideal. Sin demasiadas curvas, muy recto, muy delgado, alto y estilizado, solo con unos buenos pechos para poder ser admirados y tocados por los hombres. En muchas operaciones de cirugía estética, la mujer renuncia al placer de la caricia y el contacto en favor de la apariencia externa, ya que cada operación produce dolor y muchas veces se pierde la sensibilidad corporal. Por tanto, se prioriza la imagen por encima del contacto con lo natural, por encima de la sensación.

Lo natural y la naturaleza son de segunda categoría, algo que dominar y cambiar para que se adapte al ideal patriarcal en el que predomina la razón. De ahí también que todo aquello que surge del cuerpo de la mujer, como la regla y el deseo sexual, sea algo que dominar, que esconder, que controlar, a lo que sobreponerse sin dejarse sentir. Existen muchos tabúes sobre la regla que impiden a la mujer sentirse bien cuando menstrúa: no se habla de ello, se lleva en la clandestinidad como si fuera algo malo... Nuestra sociedad patriarcal prioriza el control sobre lo natural y no acepta la proximidad de la mujer con la naturaleza cíclica de las cosas, y desde ahí se busca que la regla no perturbe, se anestesian las sensaciones que produce y el objetivo es funcionar siempre desde la razón como si esta no existiera. Por ello, algunas mujeres llegan incluso al extremo de recurrir a tratamientos hormonales para eliminarla y deshacerse de las hemorragias menstruales.

Se trata de imponerse al cuerpo en lugar de aceptarlo.

En la sociedad posmoderna las mujeres viven permanentemente en un estado de pánico. Un día tras otro se les repite que deben parecerse a una modelo, so pena de quedar excluidas. Dicho modelo es el de la mujer delgada y sin arrugas. Las mujeres se pasan la vida esforzándose y pasando privaciones, pero sin llegar a conseguir lo que la sociedad reclama de ellas: la transformación de su cuerpo. Como si su cuerpo estuviera hecho de una especie de plastilina, preparada para adaptarse a cualquier exigencia. [...] No conseguirlo las desespera y logra rebajar su autoestima, lo que todavía las empuja más hacia la búsqueda de la perfección, y si no consiguen —después del quinto régimen del año— perder grasa, ahí, en los muslos, algunas intentará recurrir a la cirugía. ¿En nombre de qué ideal nos atrevemos a condenar de ese modo los signos de la feminidad?[25]

---

[25] Abécassis y Bongrand, *op. cit.*, p. 162.

Y así, al igual que la mujer no disfruta de su cuerpo, no goza de su sexualidad. Sin un cuerpo real, no hay sexualidad. Un estudio realizado entre doscientas universitarias del Columbia College (Estados Unidos) indicó que dos tercios de las entrevistadas tenían una imagen negativa de su propio cuerpo y que por ello rechazaban mantener relaciones sexuales, no disfrutaban de estas o se mostraban tímidas durante el sexo. En otro estudio, tras preguntarles su opinión acerca de su peso y otros aspectos de su atractivo sexual, ochenta y cinco mujeres fueron invitadas a entrar en una habitación, leer un relato erótico y puntuar cuánto les había excitado sexualmente la historia. Las que se sentían mejor con su cuerpo mostraron más deseo sexual que las que se veían menos atractivas. Estas últimas explicaron que sentían menos deseo en su vida de pareja.[26]

En la cultura patriarcal se ha fomentado nuestra pasividad. Se nos ve como objetos sexuales, no como sujetos deseantes. Tampoco se estimula nuestro deseo mostrándonos cuerpos masculinos apetecibles. Estas imágenes son escasas. Sobre todo a la hora de disfrutar del sexo, se nos ha enseñado que es el hombre quien lo inicia, hace y dispone. No está aún demasiado aceptado que una mujer mande o decida, así «ellas» lo hacen en la clandestinidad. Las cosas han cambiado y están cambiando, pero no somos ajenas a estos siglos de represión que quedan grabados en cada una de nuestras células[27], las cuales han bebido de las experiencias de nuestras madres, abuelas y bisabuelas, de generaciones y generaciones de mujeres que han pasado por experiencias muy traumáticas llenas de abusos y de humillaciones en muchos casos.

---

[26] Béjar, Sylvia de. *Tu sexo es aún más tuyo. Todo lo que has de saber para disfrutar de tu sexualidad*. Barcelona: Planeta, 2007, p. 84.

[27] Véase el apartado «Recuperar la relación madre e hija», cap. 7.

Aunque sé que puede generar enormes críticas, no quiero autocensurarme ni dejar de exponer mi cuestionamiento respecto a la necesidad de muchas mujeres de someterse para conseguir placer. Una de las fantasías más habituales en las mujeres es la de verse sometidas y violadas. ¿Quizá sentirse abusada sea una vía de escape, una adaptación para poder disfrutar sin salirse del patrón patriarcal?

II.
LA CONSTRUCCIÓN SOCIAL DE LA MUJER ACTUAL

Aunque no lo percibamos, hay toda una serie de creencias y mitos alrededor de lo que es femenino o no que determinan nuestra conducta. Se trata de imposiciones inconscientes que nos configuran sin que lo advirtamos y que coartan la libertad de la mujeres impidiendo que desarrollen todo su potencial sexual con naturalidad y sin vergüenza ni culpa. Pensemos por un momento en aquellas definiciones que se asocian a una mujer políticamente correcta: buena madre, buena esposa, trabajadora, amable, dulce, cuida de los hijos, llega a todas partes, tiene un cuerpo atractivo... Para ser una mujer según los estereotipos vinculados a este sexo parece que conviene apartarse de determinadas definiciones para optar por otras. Por tanto, la libertad individual también queda recortada cuando se sale de los marcos establecidos.

Los **estereotipos de género** son creencias colectivas sobre qué cualidades y formas de comportamiento y razonamiento se consideran apropiadas y típicas de mujeres y hombres. Parten de las categorías femenino y masculino, y son asignadas en función del sexo biológico que se supone natural y no problematizado. En ellos, según la investigación de Deaux y Lewis (1984), se encuentran cuatro componentes:

- **Rasgos de personalidad**
  Para las mujeres: débiles, pasivas, dependientes, sumisas, intuitivas, con bajo apetito sexual...
  Para los hombres: fuertes, activos, independientes, inconformistas, racionales, con fuerte impulso sexual...

- **Apariencia física**
  Para las mujeres: pequeñas, livianas, suaves en las formas...
  Para los hombres: grandes, contundentes, rudos en las formas...
- **Comportamientos asociados a los roles**
  Las mujeres: cuidan mejor a las/os niñas/os, a las personas ancianas...
  Los hombres: sirven mejor en lo público, como el empleo, la militancia política...
- **Ocupaciones laborales**
  Las mujeres: maestras, enfermeras...
  Los hombres: trabajadores de la construcción, mineros...[28]

Más allá de las excepciones que son obvias, parece que la división entre la esfera de lo femenino y lo masculino está presente aún en muchos aspectos de nuestra cotidianidad. Son creencias asociadas a lo que se supone que es propiamente femenino o eminentemente masculino que todavía se cuestionan en pocas ocasiones. Estos prejuicios siguen vigentes en muchos casos —al menos en nuestro inconsciente— y dan por sentado que el ámbito de lo privado pertenece más a la mujer mientras que lo público es un territorio masculino. De igual modo, el patriarcado ha generado otras polaridades irreconciliables como las oposiciones cultura-naturaleza, ciencia-creencia y razón-sentimiento, en las que ciencia, cultura y razón pertenecen a lo masculino mientras que naturaleza, creencia y sentimiento se vinculan a lo femenino.[29]

---

[28] Deaux, K. y Lewis. L. L. «The structure of gender stereotypes: interrelationships among components and gender label». *Journal of Personality and Social Psychology*, 46 (1984), pp. 991-1004, cit. en González San Emeterio, Azucena. *Perspectiva feminista y gestalt*. Tesina inédita, AETG, 2013. <http://www.aetg.es/recursos/tesina/perspectiva-feminista-gestalt>.

[29] Pujal i Llombart, Margot. *Poder, saber, naturaleza: la triangulación «masculina» de la mujer y su deconstrucción*. Tesis doctoral inédita, UAB, 1991. <http://hdl.handle.net/10803/5455>.

La ciencia es «LA VERDAD», con mayúsculas, una verdad incuestionable que además de pertenecer a «lo masculino» se caracteriza por el convencimiento de que «la ciencia» puede construir una imagen de la realidad tal y como es, sin tener en cuenta que el mapa no se corresponde con el territorio y que el conocimiento no es capaz de aprehender la compleja realidad en todos sus aspectos.

¿Qué pasa cuando una mujer se aleja de estas definiciones de «lo femenino» y, por ejemplo, tiene una relación extramatrimonial o se muestra poderosa, dura, agresiva? Es importante detenerse a reflexionar sobre estos aspectos porque una parte de este constructo social no se tiene en cuenta suficientemente en los procesos de terapia y suele catalogarse como patológico aquello que se aleja de lo socialmente establecido, creando así más traumas que sanaciones. Los propios terapeutas son víctimas de esta construcción social cuando trabajan con sus pacientes desde ella, con los peligros que esto supone.

En realidad, ser mujer y ser hombre depende más de las creencias asociadas a esta condición, determinadas por la educación, la cultura y los modelos que se imponen en cada momento, que de una cuestión biológica.

De hecho, ocurre lo contrario: tal y como demuestra el investigador y biólogo Bruce H. Lipton, la creencia y el pensamiento son los que condicionan la biología y el ADN. Los mensajes del entorno, incluso los energéticos procedentes de nuestros pensamientos negativos y positivos, condicionan el comportamiento de cada célula de nuestro organismo. Cambiar nuestra manera de percibir y de pensar el mundo modifica nuestra genética. Según el entorno y como cada persona responde a él, un gen puede desarrollar más de treinta mil variaciones distintas. Aprendemos a comportarnos, a definirnos y a desarrollar un autoconcepto en función de la valoración ajena y de las respuestas de nuestro entorno a cada una de nuestras conductas, que adaptamos y readaptamos continuamente de acuerdo con el exterior. Percibimos el mundo según lo que nos han hecho creer de él; lo que escuchamos y vivimos nos moldea y conforma. Las creencias sobre nosotros mismos quedan grabadas en nuestro inconsciente y determinan, sin saberlo, tanto nuestro comportamiento celular como nuestra manera de ser y de sentir. Por eso, la definición de género está totalmente influida por la información que nos llega del exterior.

Por su parte, la **teoría queer**[30] propuesta por la filósofa feminista Judith Butler sostiene que los cuerpos son, en realidad, construcciones que se modelan y estilizan a través de los discursos y las prácticas:

> Desde el primer momento en que se nos interpela, en que se nos denomina como «niño» o «niña», no se está describiendo con ello un estado de cosas naturales, sino que se produce algo social-corpóreo al tiempo que se ponen en marcha unas cadenas de repeticiones, rituales, citaciones e invocaciones que irán configurando nuestra masculinidad o feminidad (desde la forma de vestir,

---

[30] La teoría *queer* es una hipótesis sobre el género que afirma que la orientación y la identidad sexuales o de género son el resultado de una construcción social y que, por tanto, no existen papeles sexuales esenciales o biológicamente inscritos en la naturaleza humana, sino formas socialmente variables de desempeñar uno o varios de ellos. De acuerdo con esto, rechaza la clasificación de los individuos en categorías universales como «homosexual», «heterosexual», «hombre» o «mujer», sosteniendo que estas esconden un número enorme de variaciones culturales, ninguna de las cuales sería más fundamental o natural que las otras. Contra el concepto clásico de género, que distinguía lo «heterosexual» socialmente aceptado (en inglés *straight*) de lo «anómalo» (*queer*), esta afirma que todas las identidades sociales son anómalas. La teoría *queer* critica las clasificaciones sociales tradicionales, basadas a menudo en un solo patrón de segmentación —la clase social, el sexo, la raza o cualquier otro—, y sostiene que las identidades sociales se elaboran como intersección de múltiples grupos, corrientes y criterios. Gracias a su naturaleza efímera, la identidad *queer*, pese a su insistencia en la sexualidad y el género, podría aplicarse a todas las personas que alguna vez se han sentido fuera de lugar ante las restricciones de la heterosexualidad y de los papeles de género, como, por ejemplo, una mujer que se interesa en el deporte o un hombre dedicado a las labores domésticas. Por este motivo, sus defensores insisten en la autodesignación de la identidad. (Fuente: <http://www.queer.org.ar/>).

hasta nuestra manera de hablar, sentarnos, dirigirnos a otras personas, mirar, modular la voz, etcétera).[31]

Veamos en detalle algunas creencias —no herencias biológicas— asociadas a lo femenino.

LA SEXUALIDAD EN EL MARCO PATRIARCAL: «ELLA ES PARA LOS OTROS, ÉL ES PARA SÍ»

Estas son algunas definiciones que conforman la construcción social de cada uno de los géneros:

> La identidad femenina tradicional está basada *en ser para los otros*, ser en función y para el cuidado de las demás personas, estructuradas para dar vida, sentido y cuidado. La dependencia marcaría aquí la subjetividad de las mujeres, cuyo sentido de la vida y cuyos límites personales están en las otras personas y en los otros.
> La identidad masculina tradicional está basada *en ser para sí*. Los pilares que la definen son: búsqueda de poder, alejamiento y desprecio de lo femenino. Además, en la masculinidad debe «ser importante y autosuficiente, ser racional y no emocional; vincularse a la fuerza física; tener cierta relación con la violencia, legitimada en este caso socialmente, libertad sexual, social y de movimiento.[32]

En pleno siglo XXI, según un estudio de la Federación de Mujeres Progresistas, el 44 % de las jóvenes cree que necesitan el amor de un hombre para realizarse, que los celos son una prueba de amor y que ellos son más atractivos si son agresivos y valientes. Se pronostica que para desterrar los roles de género hace falta como mínimo una generación más.

---

[31] Para saber más, véanse González San Emeterio, *op. cit.*, y Butler, Judith. *El género en disputa. El feminismo y la subversión de la identidad*. México D.F.: Paidós, 2001.
[32] Ídem.

La profesora y escritora Germaine Greer definió, al comienzo de la década de 1970, el término «mujer eunuco» para explicar cómo se condiciona a las mujeres hasta convertirlas en seres castrados.[33] A la mujer se le niega la posibilidad de ser curiosa, de investigar y de explorar. De moverse según sus apetencias interiores sin más cuestionamientos. Le falta en su identidad la libertad sexual propia de lo masculino. Tiene que ceñirse a lo establecido. Así, este patrón de no búsqueda se aplica también en cuanto a ella le aparece su deseo sexual, impidiéndole que lo desarrolle. Se le niega toda opción de búsqueda y, desde esta imposibilidad, queda claro que no tiene que ser deseante en el tema sexual porque seguir la curiosidad en este campo es algo *extremadamente peligroso*. Al igual que se frena su búsqueda en el campo de la sexualidad, también se pone coto a sus ganas de descubrir lo nuevo en otros ámbitos. Por tanto, este patrón se aplica en la sexualidad, para frenar sus formas de descubrir el placer, pero también en otros campos puesto que «ella no puede», «es débil» y «necesita protección»...

LA MUJER NO TIENE DESEO

Durante siglos se ha perseguido el deseo sexual de la mujer. En un congreso ginecológico celebrado a principios de siglo XIX, se debatió con toda seriedad la cuestión de si las mujeres tenían o no apetencias sexuales. Tras arduas conversaciones, la mayoría abrumadora de esos *sabios* convino en que la mujer *buena* no tiene apetencias sexuales. Psicológicamente, como mínimo, las mujeres han de mostrarse apacibles e inocuas para ser buenas.[34]

En nuestro constructo del género femenino parece darse por sentado que la sexualidad de la mujer solo tiene un papel en fun-

---

[33] Greer, Germaine. *La mujer eunuco*. Barcelona: Kairós, 2004 (ed. orig. 1970).

[34] Whitmont, Edward C. *El retorno de la diosa. El aspecto femenino de la personalidad*. Barcelona: Paidós, 1998, p. 224.

ción de la presencia de un hombre. Queda establecido que *ella* no tiene una pulsión sexual propia ni un deseo sexual independiente del varón, como si su deseo sexual siempre dependiera de un estímulo exterior y no pudiese surgir de su interior, algo que se acepta como normal en el género masculino. En este sentido, llama la atención que no se habla de la masturbación femenina (o al menos no se habla con la misma normalidad y sentido del humor con los que se aborda la masculina). Se actúa como si no existiese y no pudiera darse en cualquier momento de la vida de la mujer, ya sea en la niñez, la adolescencia, cuando la mujer tiene pareja, cuando no, en la menopausia y más allá...

> Me ha costado llegar a masturbarme porque siempre he tenido pareja y solo tenía orgasmos con la penetración, hasta que un día logré mi primer orgasmo por vía manual cuando una de mis parejas me tocó el clítoris. Fue un gran descubrimiento y desde entonces empecé a masturbarme mucho sola. Hasta entonces, el sexo únicamente era algo que estaba vinculado a una pareja.

Debido a estos determinantes sociales, la niña puede experimentar la aparición de su deseo sexual como algo negativo. He aquí una carta de una chica que pide auxilio casi desesperadamente:

> Tengo un problema que me avergüenza demasiado para pedirle consejo a mi madre. A veces me siento muy sola y solo anhelo tener un novio, anhelo una experiencia que jamás he conocido. Ya sé que soy muy joven para hablar de estas cosas, pues solo tengo trece años, pero no puedo evitarlo y me desespero cuando pienso que todavía tendré que esperar tanto. No me aconseje que olvide este deseo, por favor, pues por mucho que lo intente no puedo. Ocupa mis pensamientos la mayor parte del tiempo. Ayúdeme, por favor.[35]

---

[35] Greer, *op. cit.*, pp. 112-113.

Este testimonio recogido por Greer nos hace reflexionar: ¿qué ayuda se le puede ofrecer a esta niña? La autora de esta súplica tiene trece años de edad, pero ya se castiga interiormente y siente como una anormalidad la aparición de su deseo sexual cuando toda su naturaleza está diseñada para que así sea, para despertar en ella su sexualidad y su búsqueda hacia el placer. Sin embargo, está convencida de que debe desear otra cosa. Ha aprendido que el deseo sexual que la invade no debería existir. ¿Cómo ha llegado a esta conclusión? Su entorno lo ha conseguido: no es algo correcto que la mujer posea un deseo sexual propio. Cuando esta chica cumpla quince años, ya habrá llegado a convencerse de que su deseo sexual no existe. Se habrá olvidado de él. Se habrá asfixiado por sí mismo.

Cuando no es el deseo sexual lo que nuestra sociedad extingue, es el cuerpo lo que se contempla como algo maldito:

> Soy el patito feo de la familia y solo quisiera ser bella. Cuando voy al cine y veo a estas chicas tan guapas, casi me dan ganas de llorar al pensar que soy tan poco atractiva. ¿Podría darme algunos consejos de belleza?[36]

A una niña se la alaba por su belleza más que por otras cualidades... Y cuando una niña pequeña pregunta si le crecerá un pene, es fácil que se haga referencia a su carencia de él o bien, con suerte, se le hable de que ella tiene vagina. En pocas ocasiones se menciona que el clítoris es el pene de la mujer y que este es un órgano diseñado exclusivamente para que ella obtenga placer. En muchas cabezas, aunque sea en el inconsciente, sigue vigente el hecho de que el placer «correcto» solo se alcanza con la penetración. Esto es causa de frustración en muchas mujeres jóvenes ya que, si la vagina no ha alcanzado una

---

[36] Ídem.

maduración que permita más sensibilidad, llegar al orgasmo con la penetración puede resultar difícil. Según *El informe Hite sobre la sexualidad femenina* (1976), que en su momento revolucionó la sociedad estadounidense, el 70 % de las mujeres afirmó que no alcanzaban el orgasmo con la penetración pero podían llegar al clímax con la estimulación del clítoris. Esta información liberó a muchas mujeres que se sentían disminuidas ante una sexualidad con un modelo tan patriarcal.

Esta falta de deseo propio es el resultado de que a la mujer se la defina desde la carencia, en lugar de ensalzar su poder y su fuerza sexuales, algo socialmente aceptado en los hombres. A menudo, a la niña se la define a partir de aquello de lo que carece, sin explicarle lo que sí posee. Su potencia sexual no es un valor, sino algo que debe seguir en la clandestinidad.

La británica Jo Adams, especialista en sexualidad y conocida como «la evangelista del clítoris», asegura que, aún hoy, la educación sexual se centra mucho más en la reproducción que en el placer. No se informa suficientemente sobre cómo funciona el cuerpo de la mujer a la hora de conseguir placer y cómo está diseñado para gozar. Una buena prueba de ello es que, de los quince manuales más importantes sobre educación sexual utilizados en Gran Bretaña, en diez no se mencionaba el clítoris y tampoco se hablaba del orgasmo femenino.[37]

¿Cuántas chicas adolescentes hablan entre ellas de su masturbación, algo que es motivo de conversación habitual entre los chicos? Es obvio que las niñas tienen y manifiestan también una fuerte pulsión sexual, pero en la mayoría de los casos esta queda constreñida a una relación estable sin que se les permita experimentar sin reglas, sin miedos para averiguar cuáles son sus preferencias, para saber dónde está su placer... A menudo,

---

[37] Documental *El clítoris, ese gran desconocido*, dir. Michèle Dominici, 2003. <http://www.youtube.com/watch?v=cTUA4Hl2hVg>.

realizar este camino de búsqueda supone enfrentarse al miedo al rechazo porque el sexo y la experimentación en este sentido han sido calificados como «algo peligroso». La primera palabra que solemos oír al contactar con el sexo es «no» o «no toques»... La vergüenza aparece por evitar salirse de la norma, al igual que el miedo surge por el hecho de exponerse a ser criticadas y castigadas por el grupo social al que pertenecen, formado no solo por la familia, sino también por las mismas compañeras y amigas.

Una mujer explica:

> Recuerdo perfectamente el momento en que me pregunté por primera vez si era diferente a las demás chicas, si era una mujer demasiado ligera de cascos... Mi mejor amiga preguntó: «¿Qué chico de nuestro grupo te gusta?». Yo le nombré a más de uno sin dejar de reír y muy divertida. Casi todos despertaban mi interés y me parecía muy atractivos. Era virgen y la seducción, quizá más que la sexualidad en sí, me parecía un juego fascinante. Mi amiga muy seria me reprendió: «¿Cómo puede gustarte más de un chico al mismo tiempo? Eso no está bien... ¡Estás loca! Solo debe gustarte uno. Uno nada más. No puedes ir tonteando con todos». No nombró la palabra «puta», pero quedó totalmente implícita en su tono. Creo que en ese momento empezó una clara lucha conmigo misma para saber siempre quién *debía* ser el *único* hombre de mi vida... Una lucha que en algunos aspectos probablemente no ha terminado.

Esta otra, en cambio, explica cómo ha sido rechazada en diversas ocasiones por ser ella, la mujer, la que toma la iniciativa en una relación sexual:

> Muchos hombres lo viven como algo agresivo y algunos de ellos simplemente no han aceptado que yo fuera quien decidiera acer-

carme a ellos y tomase la iniciativa, como si conquistar solo fuera algo propio de lo masculino. Esto me ha comportado una gran frustración y contrariedad.

Está claro que el deseo sexual de la mujer está determinado por un constructo social patriarcal, porque de lo contrario la naturaleza hubiera obrado de otro modo.

Si admitimos el postulado de que las mujeres no tienen especial interés por el sexo, salvo como medio para manipular al hombre y conseguir el acceso a sus recursos, ¿por qué habría llevado la evolución a la hembra humana a desarrollar esa capacidad sexual excepcionalmente pródiga? ¿Por qué no reservar el sexo a los pocos días del ciclo en que la concepción es más probable, como hacen prácticamente todos los demás mamíferos?[38]

Hay numerosos tabúes alrededor de la sexualidad en general, pero aún más en torno a la femenina. Esto se pone de manifiesto en que las lesbianas fueron, durante siglos, tan invisibles como la masturbación femenina y que la ninfomanía se consideró una enfermedad muchísimo antes de que se hubiera oído hablar de la adicción al sexo, uno de estos nuevos trastornos definidos —¿creados?— por nuestra civilización.

A las chicas no se les enseña nada o casi nada sobre la forma de conseguir su placer. La mayoría de ellas se lanza a tener una relación sexual sin información, sin conocerse y, a menudo, más por complacer al chico y así no perderlo que conectadas auténticamente con su propio deseo. De este modo, tras su primera experiencia sexual, algunas chicas acaban sufriendo una enorme decepción, una vivencia que las marca negativamente y que puede llegar a ser difícil de subsanar o que solo se acaba relati-

---

[38] Ryan y Jethá, *op. cit.*, p. 83.

vizando con el paso de los años. El sexo empieza a ser motivo de sufrimiento y, por tanto, algo que es mejor no mirar de cara porque duele.

LAS MUJERES SON FIELES

En esta visión construida socialmente de la sexualidad de la mujer, en la que ella prioriza el deseo del otro al propio, se admite con mucha dificultad su iniciativa en el sexo y por tanto su infidelidad. Pero parece claro que está en su biología. Así lo afirma Louann Brizandine:

> Las mujeres no están más hechas que los hombres para la monogamia, están diseñadas para mantener sus opciones abiertas y fingen orgasmos con el propósito de apartar la atención de la pareja de sus infidelidades.[39]

De hecho, se calcula que entre un 5 y un 10 % de los hijos nacidos en un matrimonio no han sido engendrados por el supuesto padre:

> Estudios sobre ciertas especies de pájaros que se pensaba que se emparejaban para toda la vida mostraron que hasta el 30 % de las crías eran de otros machos diferentes de aquellos que las cuidaban y vivían con las madres [...]. Y el mito de la fidelidad femenina recibe otro golpe con el sucio secretito que muestran los estudios genéticos humanos: el 10 % de los presuntos padres investigados por los científicos no tienen relación genética con los vástagos que esos hombres están seguros de haber engendrado.[40]

Con el objetivo de evitar la infidelidad de la mujer, sobre todo

---

[39] Brizendine, *op. cit.*, p. 110.
[40] Ídem.

en África se llega al extremo de practicar masivamente la ablación del clítoris en las niñas, como un ritual de paso que asegura su pertenencia a la comunidad, una violencia de género extrema consentida y llevada a cabo por las mismas mujeres. Nos escandalizamos, con razón, pero en Occidente la sexualidad, en especial la de la mujer, también se controla. Como se hace en la mayoría de las culturas patriarcales, con esta práctica se quiere controlar la sexualidad femenina, acabar con el deseo sexual de la mujer y garantizar su fidelidad, así como limitar las demandas sexuales a su marido, algo importante sobre todo en aquellas regiones donde la poligamia es habitual. Algunas culturas piensan que la ablación contribuye a aumentar el placer sexual masculino, y en algunas comunidades mantener relaciones sexuales con una mujer cuyos genitales no hayan sido amputados se considera impuro o, incluso, peligroso ya que el contacto del clítoris con el pene podría originar la muerte del hombre o mermar su virilidad. Por si fuera poco, los bambara de Malí creen que el clítoris es el hogar de un espíritu maligno. Para muchos pueblos africanos, el clítoris corresponde al lado masculino de la mujer, y es considerado como un atributo propio del sexo opuesto que es necesario eliminar para que la mujer esté plenamente en concordancia con el suyo.

LA MUJER NO PUEDE SER UNA PUTA

> Una mujer sin oficio tiene dos opciones: el matrimonio o la prostitución. Vienen a ser lo mismo ¿no?
>
> VALÉRIE TASSO, *Diario de una ninfómana*

Si el matrimonio es aceptado y está bien visto en cualquier circunstancia, incluso —como ocurre en algunas culturas— cuando el hombre toma por esposa a una niña de corta edad, ser puta parece que es lo peor que le puede ocurrir a una mujer.

Ser tachada de puta es un grave insulto. En ello queda implícito también que esta no posee —o no debe poseer— ningún deseo sexual y, desde luego, no debe manifestarlo porque lo contrario sería comportarse como una ramera. Y la compasión hacia las putas solo cabe cuando ejercen la prostitución para subsistir. No entra en nuestros parámetros que la mujer pueda gozar eligiendo libremente la prostitución como profesión. Virginie Despentes[41] explica con detalle como, mientras ejercía de puta, la mayoría de los hombres con los que estuvo le decían que se sentían mal por ella y a menudo querían salvarla de esa desgracia. No podían pensar que para aquella mujer era una situación cómoda e incluso placentera, especialmente al principio. Despentes se plantea que la prostitución no es legal en muchos países porque el aceptarla significaría otorgar demasiado poder a la mujer y declarar que puede ser totalmente dueña de su sexualidad y de su cuerpo.

Más allá de las personas que ejercen la prostitución, también se califica despectivamente como putas a aquellas mujeres que mantienen muchas relaciones sexuales o que disfrutan del sexo con cierta asiduidad. Llamar hijo de puta a un hombre es también uno de los peores insultos, como si las putas no pudieran ser madres y tener hijos o eso fuese una desgracia.

Existen distintos mecanismos que la sociedad utiliza para controlar la sexualidad de la mujer o para que esta no disfrute libremente de ella, y la palabra «puta» es la primera que aparece en la mente cuando cruzamos ciertas fronteras porque no se nos enseña a usar nuestro cuerpo —nuestro, al fin y al cabo— para obtener placer. Tampoco parece que interese que sepamos cómo hacerlo: ¿podríamos tener demasiado poder sobre nosotras mismas y quizá también sobre los hombres si fuésemos sabias corporalmente?

---

[41] Despentes, *op. cit.*

La mujer es culpable y suele equivocarse

Paradójicamente, a pesar de no tener ni poder ni deseo sexual, cualquier encuentro sexual que no se produzca dentro de un marco legal y religioso, ya sea una relación extramatrimonial e incluso una violación, se achaca fácilmente a la mujer la culpa por incitar al hombre y provocarlo como si este no fuera responsable de sus actos. Es el legado que llevamos a cuestas, aunque sea de forma inconsciente heredado de la mayoría de religiones saharasiáticas en las que hemos sido educados como son el judaísmo, el cristianismo y el islamismo. Estos párrafos de Steve Taylor, antropólogo e investigador de la evolución histórica de la psique humana, son de lo más ilustrativo:

> [...] no podemos olvidar que el rechazo básico hacia las mujeres forma parte de muchas culturas «caídas», las cuales las consideran criaturas intrínsecamente impuras y pecadoras, que han sido enviadas por el demonio para extraviar a los hombres, una visión que siempre ha sido característica de las tres grandes religiones saharasiáticas y que alentó la obsesiva caza de brujas que asoló Europa entre los siglos XV y XVIII. [...] Aunque obligasen a las mujeres a cubrir el cuerpo y el rostro y las relegasen a vivir en una condición similar a la esclavitud, cualquier mujer podía despertar en ellos (hombres) poderosos e incontrolables impulsos sexuales en cualquier momento. De ese modo podemos afirmar que los últimos seis mil años de crueldad de los hombres hacia las mujeres constituyen, en parte, una venganza por ese motivo.[42]

Incluso la mayoría de las mujeres que han sido violadas llegan a preguntarse en algún momento si no hicieron algo para provocar el ataque: llevar una minifalda, mostrarse seductoras... El sentimiento de culpa que se puede despertar es tan grande que

---

[42] Taylor, Steve. *La caída*. Barcelona: La Llave, 2008, pp. 238-239.

se preguntan cómo pueden seguir viviendo después de esta desgracia. El peso del patriarcado no contribuye a que la mujer violada supere el trauma, más bien lo agranda: en nuestra sociedad patriarcal y durante siglos, de la misma manera que la virginidad es sagrada, la violación es lo peor que puede sucederle a una mujer porque esta deja de ser pura. La violación mancilla a la mujer sin remedio, y en algunos casos no solo a ella, sino también a toda su familia.

Conviene tener en cuenta que, según este patrón, a la mujer tampoco se le permite desarrollar otros mecanismos de defensa relacionados con su capacidad de agredir directamente. En esta sociedad patriarcal, a la mujer no se le enseña a defenderse sino más bien a aguantar, no se nos enseña a pegar o agredir a un hombre. Nuestras creencias patriarcales nos perjudican hasta el punto de impedirnos reponernos después de haber sufrido una vejación o una violación porque parece que una mujer forzada debe estar abocada a la muerte en vida para siempre; de lo contrario, será mal vista y rechazada por su entorno.

Es difícil que las mujeres se desvinculen de la culpa: llevan siglos inmersas en ella. Ya en la Biblia se nos dibuja como las únicas causantes de todas las desgracias que han recaído sobre la humanidad, y la mujer es la responsable de la expulsión del paraíso por el simple hecho de haber seguido su deseo y haber caído en la tentación. Se da por sentado que, cuando escuchamos nuestro deseo, nos equivocamos y se nos va a castigar por ello. La culpa relacionada con el deseo, y más con el deseo sexual, siempre está presente en la mujer, una gran contradicción cuando se da por supuesto que carecemos de él. Así lo muestra esta confesión de una mujer:

> La relación sexual es algo que temo, aunque lo deseo y lo necesito. Solo la masturbación me ha liberado, pero no se lo he contado nunca a nadie. La primera vez que lo hice estaba sola y sentí la

presencia burlona de los amigos de mi marido. Cuando volví a casa, sonó el teléfono. La mujer de uno de ellos me comunicó que su marido acababa de morir. Siempre me ha quedado el miedo ligado a la masturbación.

LA MUJER ES DEPENDIENTE, FRÁGIL, PASIVA, SUMISA Y UNA VÍCTIMA A LA QUE SE DEBE PROTEGER

Consumida por la culpa y debilitada por ella, la mujer pierde su fuerza natural. El patriarcado la sume en la necesidad de ser protegida por un hombre, ya que por sí misma no puede defenderse, hacer las cosas y tampoco valerse. Así se desarrollan leyes que la protejan para que no sea agredida y se toman otras medidas. La mujer que llega a creer que su vida depende de esta protección externa se muestra frágil y sumisa, una actitud que aún fomenta más su desprotección, que le impide desarrollar su poder innato, el cual es escondido y mutilado por la sociedad que rechaza o contempla con desconfianza a las mujeres fuertes.

Y no es simplemente una fantasía. Sheryl Sandberg comenta un famoso estudio de la Escuela de Negocios de Harvard sobre una mujer llamada Heidi Roizen, una emprendedora de carrera exitosa. Un profesor tuvo la idea de pasar su historia a un grupo de alumnos para conocer su opinión, pero a unos se la hizo llegar con su nombre auténtico y a otros bajo el de Howard. Tras preguntar a los estudiantes, todos —tanto hombres como mujeres— estaban de acuerdo en que Howard era un gran tipo. En cambio, para muchos, Heidi era una egocéntrica con la que no se podía trabajar. El éxito en una mujer no está bien visto y levanta más sospechas que en el caso de que sea un hombre quien lo consigue.[43]

---

[43] Sandberg, *op. cit.*

La cuestión es: ¿estas medidas para proteger a la mujer tienen realmente como objetivo protegerla o más bien buscan controlarla a través del miedo y de fomentar su inseguridad? Virginie Despentes llega al extremo de preguntarse —si es cierto que a la sociedad le preocupa tanto proteger a la mujer de la violación— por qué aún no se ha inventado un aparato que pueda introducirse en la vagina y que hiera el pene del hombre que lo intenta.[44]

Es normal que la mujer que necesita protección esté más pendiente de quienes depende que de sí misma. Nuestra cultura da por sentado que la mujer está biológicamente mejor diseñada para cuidar a los demás y volcarse en el cuidado de los hijos. Es cierto que el cuerpo de la mujer vive inmerso en un baile hormonal, pero este es rico en matices: en algunos momentos la segregación de oxitocina puede llevarla a sentirse más vinculada a los demás, a percibir con precisión sus sentimientos, pero también puede ocurrirle todo lo contrario. La testosterona no le es ajena. De hecho, su cuerpo varía, no solo con el ciclo menstrual, sino a lo largo de toda su vida. Tanto puede estar centrada únicamente en su propio ser, mostrar una enorme firmeza, ambición y estar concentrada en conseguir lo que desea como irradiar amor, cuidados y entrega. Su deseo sexual puede ser muy potente, puede convertirse en una persona desenfrenada y soñadora para poco después, con la llegada de la menstruación, necesitar —siempre que siga sus sensaciones corporales y no el camino marcado— alejarse del mundo, de la cotidianidad, encerrarse en sí misma y volverse más intuitiva que nunca. Si nuestra cultura lo permitiera, haciendo que no tengamos que escindirnos y mantener divididos nuestro cuerpo y nuestra mente, si nos enseñara a escuchar nuestro organismo y nuestras sensaciones, entonces la mujer podría mostrar toda

---

[44] Despentes, *op. cit.*

la riqueza que la conforma y que constituye su esencia. No obstante, conviene recordar que no todas las mujeres son iguales.

LA MUJER NO ES DIVINA

Si el hombre está hecho a imagen y semejanza de Dios, en nuestra cultura la mujer está lejos de la divinidad. El filósofo francés Michel Foucault, en sus libros *Las palabras y las cosas: una arqueología de las ciencias humanas* (1966) y *La arqueología del saber* (1969), insistía en la necesidad de hacer una «arqueología» de las palabras que permitiera entender la raíz del lenguaje y, de este modo, comprender el origen de ciertos prejuicios y preconceptos que, de un modo u otro, han configurado y aún determinan la existencia humana. Nuestro pensamiento es lenguaje al fin y al cabo. Por ello, hemos investigado sobre el origen de la palabra «femenino».

En la Edad Media se creó una etimología de *femina* que aseguraba que este vocablo latino derivaba de *fides* 'fe' y *minus* 'menos'. Aunque es falsa, recoge la ideología de la época, en la que se argumentaba que la mujer es un ser inferior al hombre y, por tanto, con menos fe que este. Se aleja así a la mujer de lo divino y se la identifica con la naturaleza, mientras que el hombre es casi Dios.

La teóloga alemana Uta Ranke-Heinemann expone que otras implicaciones de esta acepción del término *femina* son que la mujer, por «no ser semejante a Dios», tiende a conservar menos la fe y en consecuencia es más «proclive a la incredulidad». Dios hizo al hombre a su imagen y semejanza, pero la mujer no posee estos mismos dones y, por tanto, no está tan cerca del reino de los cielos. No es divina.[45]

En mi opinión, por eso ha sido tan relevante recuperar a las

---

[45] Ranke-Heinemann, Uta. *Eunucos por el reino de los cielos: Iglesia católica y sexualidad.* Madrid: Trotta, 1994.

diosas que hay en cada una de nosotras. Nos devuelve al mundo de lo sagrado, del que fuimos excluidas perdiendo nuestro valor intrínseco y nuestros derechos. Para la mujer, significó la prohibición de ejercer su poder, de trascenderse y conectarse con algo más grande que ella misma.[46]

Algunos expertos llegan a la conclusión que el origen de «femenino» —relativo a la mujer, al sexo o género femenino— proviene del adjetivo latino *femininus*, diminutivo de *femina*, que a su vez procede de la unión de dos antiguos elementos indoeuropeos, el participio presente de la raíz *dhe- 'amamantar, mamar' y el participio medio -*meno*. Por tanto, etimológicamente, *femina* significa «la que amamanta o da de mamar» y deriva de un verbo caído en desuso que dio lugar también a *fecundus* 'fecundo', *filius* 'hijo' y *felix* 'feliz', formas que han pervivido.[47]

La mujer no es agresiva

La mirada de género que nuestra sociedad ha construido respecto a la mujer no solo la dibuja indefensa, sino que, del mismo modo, la contempla como un ser sin capacidad para agredir. Las mujeres tampoco cometen abusos.

Me sorprende una y otra vez, en los talleres que realizo, que la mayoría de las mujeres se muestren incapaces de reconocer y expresar su rabia. Es la emoción que más les cuesta transitar, la más prohibida, y acaba convirtiéndose en la más desconocida para ellas. Sin embargo, como cualquier otro mamífero, la mujer también tiene pulsiones agresivas.

De hecho, un estudio realizado por la Universidad de Flo-

---

[46] Véanse Bolen, Jean Shinoda. *Las diosas de cada mujer*. Barcelona: Kairós, 2013 y Whitmon, *op. cit*. Estas dos obras nos devuelven, en cierta medida, este vínculo con nuestra parte divina.

[47] Véase Ernout, A. y Meillet, A. *Dictionnaire étymologique de la langue latine. Histoire des mots*. París: Librairie C. Klincksieck, 1932, *s. v. fecundus* y *femina*.

rida asegura que muchas mujeres jóvenes agreden y abusan psicológicamente de sus parejas. De los 25.000 hombres que participaron en el estudio, un 40 % reconoció haber sido agredido por una mujer y verse obligado en más de una ocasión a realizar algo en contra de su voluntad.

No se trata de culpabilizarnos más, sino de recuperar, junto a la rabia, nuestra fuerza y capacidad para poner límites. Validar nuestra agresividad nos convierte al mismo tiempo en seres autosuficientes e independientes que no necesitan protección porque se valen por sí mismos. Podemos ser «santas», «buenas», «cuidadoras» e «inocentes», pero también somos fuertes, deseantes, agresivas, capaces de defender, manipular, chantajear, luchar... Aceptar nuestra agresividad nos permite salir de las etiquetas que nos llevan al sometimiento y a la pasividad.

Sin ánimo de menospreciar la lacra social que representa la violencia de género, la mujer posee —en términos biológicos— un mayor dominio del lenguaje que el hombre, incluso durante la menstruación, cuando el cerebro femenino registra los niveles de estrógenos más bajos. Esta cualidad mejora nuestra capacidad para argumentar y ser superiores al hombre a la hora de negociar y discutir.

> Los científicos suponen que, aunque una mujer sea más lenta en actuar físicamente empujada por la cólera, una vez que se ponen en marcha sus circuitos verbales más rápidos, pueden desencadenar un aluvión de palabras insultantes que un hombre no puede igualar. Es característica de los hombres usar menos palabras y tener menos fluidez verbal que las mujeres. [...] Los circuitos cerebrales de los hombres y sus cuerpos pueden desembocar fácilmente en una expresión física de ira estimulada por la frustración de no ser capaces de ponerse a la altura de las mujeres.[48]

---

[48] Brizendine, *op. cit.*, pp. 152-153.

De la misma manera que los hombres agreden a las mujeres haciendo valer su fuerza física, en algunos casos ellas recurren a esta mayor capacidad para violentarlos y agredirlos verbalmente. No olvido los más de seis mil años de maltrato y vejaciones que la mujer lleva soportando, ni mucho menos estoy hablando en defensa de los agresores. Solamente apunto que para ser coherentes y reivindicar nuestra libertad con mayúsculas, aquella libertad que surge tras el proceso de haber sabido desbrozar las creencias heredadas permitiéndonos abrir la mente a lo ajeno, es preciso reconocer también nuestra fuerza con todo lo que esta contiene.

La sociedad venera el ideal de mujer autocontrolada, pero afortunadamente las mujeres reales son mucho más complejas, ricas en matices y muestran en más de una ocasión a lo largo de la vida que la visceralidad forma parte de ellas. Louann Brizendine asegura que:

> El incremento del estrógeno significa que las chicas sienten más sensaciones corporales y dolor físico que los muchachos [...]. Por consiguiente la relación entre los sentimientos viscerales de la mujer y sus corazonadas intuitivas está fundada en la biología.[49]

En terapia he visto muchas veces como la mujer es quien posee más poder en las relaciones, llegando a dominar a toda la familia. En Sudamérica, por ejemplo, he sido testigo de cómo ellas pueden criticar sin piedad y humillar en público a su compañero poniendo en cuestión la virilidad de este hasta ridiculizarlo, algo que puede no estar exento de salvajes represalias.

El constructo social asocia lo femenino a la pasividad, en el sentido de que es incapaz de pasar a la acción, transformar, emprender y construir sin apoyo. No identifica a la mujer con la

---

[49] Ídem, p. 42.

rabia, como si esta emoción que conecta al ser humano con el instinto, que lleva a actuar, a defenderse a sí mismo y su territorio y a poner límites, no formara parte de su naturaleza. Existen cuatro emociones básicas en el ser humano: la tristeza, la rabia, el miedo y la alegría. Son emociones comunes a todos los mamíferos. Dejar a la mujer sin la rabia la acerca más al rol de víctima que se ha desarrollado para ella en esta construcción social.

Prácticamente no existen artículos ni estudios sobre los abusos cometidos por mujeres, en parte porque a los hombres que los han sufrido les avergüenza reconocerlo. La británica Erin Pizzey, que fundó en 1971 el Chiswick Women's Aid en Londres, el primer refugio del mundo para mujeres maltratadas y sus hijos, se ha atrevido a abordar esta cuestión. Pizzey asegura que la violencia doméstica no es una cuestión de género. Habla de familias proclives a la violencia y no distingue entre hombres y mujeres. En esta casa de acogida para mujeres maltratadas por sus maridos, Pizzey tuvo la oportunidad de analizar de cerca el comportamiento tanto de las mujeres como de los maridos e hijos de estas, y llegó a la conclusión de que muchas de las personas acogidas eran adictas a la violencia. Una y otra vez buscaban caer en manos de su agresor como si para vivir necesitasen esta forma violenta de relación.[50] Esta adicción a la violencia también se podría explicar biológicamente por el hecho de que, con el tiempo, se crean unos circuitos neuronales que buscan retroalimentarse. Ella misma se dio cuenta de que había padecido esta adicción a la violencia a lo largo de muchos años de su vida, ya que fue maltratada en la infancia por su madre:

> [...] habiendo experimentado la violencia de mi madre, yo siempre supe que las mujeres pueden ser tan despiadadas e irresponsables como los hombres.

---

[50] Véase, en el cap. 7, «Las nuevas relaciones hombre-mujer».

Como hemos dicho, en muchas ocasiones los abusos cometidos por la mujer no son denunciados ni tampoco detectados. Este es, sin embargo, el testimonio de un hombre que confiesa haber sufrido abusos, siendo niño, por parte de una chica:

> Yo tenía alrededor de cinco años cuando sucedió y no me atreví a hablar hasta mucho más tarde. De hecho, faltaba un mes para celebrar mi décimo aniversario cuando osé contárselo a mi madre. Recuerdo ese momento como si fuera ayer. La hija de una vecina del barrio nos cuidaba a mis hermanos y a mí. Tengo clara en mi memoria la imagen de mí mismo desnudo encima de su cuerpo, también desnudo, en una cama estrecha pegada a la pared. Nos besábamos en la boca, sentía el tacto de su cuerpo pegado al mío y que nos tocábamos. No recuerdo maltrato ni vejaciones de ningún tipo, pero algo sucedió en mi mundo emocional porque el sentimiento de que aquello no estaba bien me era muy claro y, entre encuentro y encuentro con ella, yo me fui llenando de miedo y culpa. No sé cómo se acabaron aquellos encuentros, simplemente cesaron. Desde aquellos días, a pesar de que era muy niño, hasta que logré hablar de ello con mi madre al mudarnos, yo era el portador de un secreto que me angustiaba, llevaba una carga que me pesaba mucho. Vivía inmerso en una continua ansiedad. Hablarlo con mi madre fue una de las mayores catarsis que he experimentado. Las lágrimas no me permitían articular palabra. El rostro de mi madre a medida que me preguntaba qué había ocurrido se llenaba de miedo mientras yo quería y no podía responderle. La siguiente imagen que tengo de mí es la de aquella misma noche, llorando sin cesar en mi cama mientras mi madre, muy enfadada conmigo, me obligaba a callar para no despertar a mi padre y a mis hermanos. Fue muy duro para mí... Había abierto la caja de Pandora, y cuando necesitaba un abrazo y consuelo, se me tapaba la boca. Los años fueron pasando, nunca más se volvió a hablar de ello hasta que con veintinueve años lo abordé en un

espacio terapéutico. Era un curso de sexualidad al que acudí y allí fui consciente de que había crecido creyendo que había algo «malo» en mí que provocaba la sexualidad de los adultos, algo malo y «monstruoso». Crecí sintiendo que el culpable era yo. Además, recordé también que la hermana de mi padre me llevaba a escondidas a una habitación para darme lo que ella llamaba «besos de tornillo», y que con aquello me sentía forzado e invadido. Aquellos hechos me marcaron mucho.

No somos tan diferentes. Este relato bien podría leerse como si el abuso lo hubiera sufrido una mujer. ¿Qué cambiaría en nuestra mente entonces? Este testimonio también nos muestra cómo nuestra cultura asocia el sexo a la culpa, independientemente del género.

Recuperar a Kali

Existen ejemplos mitológicos que describen a mujeres llenas de fuerza, como la diosa negra Kali en el hinduismo. Abrazar la fuerza que hay en cada una de nosotras requiere el valor de aceptarse con todo lo que esta puede llegar a representar. Es como abrazar a Kali, cuyo nombre significa «la mujer negra». Esta encarnación de Parvati, esposa del dios Siva, posee cuatro brazos y lleva por vestimenta una faja confeccionada con manos de hombres muertos. Es la deidad de la muerte y la destrucción; genera temor por su crueldad, pero también una gran fascinación por su potencia y capacidad de regeneración.

Cuenta la leyenda que cuando un ejército demoníaco encabezado por Majisá atacó a los dioses, Durga (la gran madre) adoptó la forma de Kali y luchó encarnizadamente contra el terrorífico demonio, de cuyas gotas de sangre surgían a su vez nuevos enemigos. Kali es la mujer que todo lo abarca. Lleva en una mano una espada; en la otra, la cabeza del demonio al que ha dado muerte, y con las dos restantes anima a sus devotos a que la adoren. Sus ojos están inyectados en sangre por el ímpetu que ha necesitado para vencer a Majisá, un ímpetu que la ha llevado a pisar sin darse cuenta a su esposo Siva. Triunfante, Kali, llena de alegría y excitación, baila tan desenfrenadamente que la tierra tiembla bajo sus pies. Siva le pide que se detenga, pero ella, poseída por el entusiasmo, no puede oírlo. Entonces, el esposo se tumba en el suelo para absorber con su cuerpo el impacto de la fuerza de Kali hasta que ella reacciona y se detiene.

Se dice que los brazos de Kali representan el círculo completo de creación y destrucción contenidos en esta diosa negra, los ritmos de creación y destrucción propios del cosmos. Kali empuña la espada del conocimiento que hace pedazos el ego y con sus tres ojos es capaz de percibir pasado, presente y futuro.

Para mí, esta diosa que atemoriza a los hombres representa a la mujer con todas sus caras: la faceta más agresiva y poderosa y, al mismo tiempo, la más amorosa y sacrificada. También representa la energía femenina pura, la kundalini, que activa el poder del sexo, la sensualidad y la encarnación del amor desenfrenado y voraz. Kali es la amante sexual que satisface sus deseos y se deja poseer por ellos. No propongo volvernos sanguinarias y asesinas, sino recuperar nuestro instinto y con ello nuestro deseo, algo que la construcción social niega en la mujer. Al retirarle su agresividad, se mutila al mismo tiempo su fuerza y se limita su potencia innata para sentir satisfacción y placer. Una idea que no se puede perder vista es que poder, agresividad y deseo sexual están totalmente vinculados y se retroalimentan, como se ha comprobado tras analizar el papel de distintos neurotransmisores cerebrales.

Una larga lista de experimentos confirma que el aumento del nivel de testosterona mejora la autoestima. Esta misma hormona que incrementa la agresividad estimula también el deseo sexual.[51]

---

[51] Muntané Coca, María Dolores. *La maté porque era mía*. Madrid: Díaz de Santos, 2012.

Al estudiar el comportamiento de distintos grupos de monos y chimpancés, se comprobó que los líderes de la manada presentaban más testosterona que el resto, a la vez que se mostraban mucho más agresivos. En otro caso, los veteranos de guerra que registraban los mayores niveles de testosterona en sangre eran también los que se habían comportado más agresivamente durante la contienda. En las mujeres encarceladas, las más agresivas son también aquellas que tienen mayores índices de testosterona. En términos neurobioquímicos, la capacidad de violencia, el deseo sexual y la competitividad constituyen tres expresiones derivadas del mismo perfil.

Por tanto, queda demostrada la interrelación entre conducta y biología. Los comportamientos que generamos también alteran nuestra fisiología, y en la medida en que a la mujer no se le permite mostrarse agresiva, se determina su sexualidad y biología. Ignorar sus necesidades y desconectarse de su cuerpo han sido los recursos adaptativos que la mayoría de las mujeres ha desarrollado para que su conducta cuadrara con el constructo social imperante. ¿Qué hemos hecho con la rabia, el odio y el dolor derivado de años de violencia y de malos tratos? Algunas veces se han expresado a través de la enfermedad; otras, con sarcasmos e ironías, con agresividad pasiva más difícil de percibir y castigar... Y este dolor acumulado por no haber sido vistas ni respetadas por el hombre ni por la sociedad patriarcal aún está vigente en muchos sentidos, tanto en nuestro interior como en el exterior. Un dolor que tiene historia.

En nuestra cultura, la agresividad tiene solamente connotaciones negativas. Pero a menudo la vida nos reclama destruir lo construido, masticar para poder transformar lo existente y nutrirnos en todos los sentidos. Una «masticación» y transformación que requiere fuerza instintiva y que asegura nuestra supervivencia. Para que la mujer pueda realizar su transformación, necesita abrazar esta agresividad con la capacidad de actuar que trae implícita.

III.
HISTORIA DE LAS IDEAS QUE HAN CONSTRUIDO A LA «MUJER»

> Anterior a la guerra contra las guerras, la guerra contra el terrorismo o la guerra contra el cáncer es la guerra contra el deseo sexual. Una guerra que lleva más tiempo librándose que ninguna otra y cuyas víctimas se cuentan ya por miles de millones, como las demás, es una guerra que nunca podrá ganarse, ya que el enemigo al que se le ha declarado es una fuerza de la naturaleza. Para el caso podríamos alzarnos en armas contra las fases de la luna.
>
> CHRISTOPHER RYAN Y CACILDA JETHÁ [52]

EL NACIMIENTO DEL PATRIARCADO

Está muy difundida la idea de que en el neolítico, entre 7000 y 3500 a. C. aproximadamente, mucho antes de que se consolidara la civilización griega, hombres y mujeres habían construido un sistema matriarcal que rendía culto a la gran diosa:

> Todo está regido y amparado por el poder de la gran diosa. Ella es madre e hija, doncella, virgen, prostituta y arpía al mismo tiempo. Es señora de las estrellas y de los cielos, de la belleza y de la naturaleza, del vientre engendrador, del poder nutricio de la tierra y de la fertilidad. Satisface todas las necesidades, pero también son suyos el poder de la muerte y el horror de la descomposición y la aniquilación. Todo procede de ella y todo vuelve a ella.[53]

---

[52] Ryan y Jethá, *op. cit.*, p. 305.
[53] Whitmont, *op. cit.*, p. 91.

Los símbolos sagrados de esta gran diosa eran la serpiente, la paloma, el árbol y la luna. Considerada inmortal, inmutable y omnipotente, esta diosa tenía amantes por el mero placer de tenerlos, cuando aún la paternidad no era relevante. Esta sociedad matrifocal, no estratificada y sí igualitaria estaba estrechamente vinculada a la tierra y al mar. Era sedentaria, pacífica y amaba las artes, pero la desgracia cayó sobre ella con la invasión de diversos pueblos indoeuropeos seminómadas hacia el año 4000 a. C.

Los pueblos indoeuropeos, patrifocales y amantes de la guerra, se desplazaban a caballo y se consideraban superiores porque eran capaces de invadir y conquistar otras tierras. El culto a esta gran diosa se desmoronó y los invasores la incorporaron a su propia religión como esposa subordinada a sus dioses masculinos. Al hacerlo, no solo la sometieron, sino que le arrebataron todos sus poderes para entregárselos a aquellos. Apareció por primera vez la violación, reflejada en la muerte de la serpiente que representaba a la gran diosa a manos de los héroes y dioses invasores, un símbolo de la sumisión que debían mantener ante ellos los habitantes de los pueblos conquistados.

De este modo desapareció la simbiosis existente con la naturaleza y emergió la primera división entre hombre y naturaleza. Surgió el ego de este individuo que se disociaba de lo natural. La desigualdad propia del patriarcado se instauró como una nueva forma de vida y de relación. En estas sociedades matriarcales, la humanidad mantenía una simbiosis con la naturaleza en la que no había diferenciación entre lo natural y ella misma. Pero tras el cambio, llegó el patriarcado y una era llena de desigualdades.

Según recoge el libro «La Caída»

En su prólogo a *La Caída*, de Steve Taylor, el psicólogo y escritor Stanley Krippner concluye:

la transformación a que nos referimos comenzó alrededor del año 4000 a. C. a causa de un gran cambio climático que afectó a Asia Central y Oriente Medio, un cambio que dificultó enormemente la supervivencia y que dio lugar a que los pobladores de esas zonas geográficas desarrollasen un sentido más acusado de su individualidad.[54]

Todo ello, junto con la idea de que los varones tienen un papel importante en la reproducción —en la Antigüedad se creía que era la propia mujer la que procreaba—, condujo a la imposición del hombre sobre la mujer.[55]

Según Taylor, en Saharasia —los territorios que abarcan desde el Sahara hasta el Gobi, pasando por el sur del mar Negro— la humanidad vivía en una enorme prosperidad gracias a tierras fértiles con agua y caza que daban sustento a los pueblos indoeuropeos y semitas, pero un drástico cambio climático obligó a un profundo cambio de costumbres:

> Hasta entonces cada individuo era empático con los demás, integrado y osmótico con el entorno. Pero, desde entonces, el ego individual se desgajo y se acorazo. Con un intelecto desgajado del cuerpo, un individuo desgajado de su entorno y personas menos empáticas con sus congéneres... broto la codicia, la guerra sistemática, el caudillismo, las jerarquías, la opresión de unos sobre otros, la sumisión de la mujer, la represión sexual, el trabajo duro, la explotación de la naturaleza, la conquista... y los primeros imperios: Egipto, Sumer...[56]

En este contexto, la fuerza física más propia del género mas-

---

[54] Krippner, Stanley, prólogo a Taylor, *op. cit.*
[55] Lambert, Joan Dahr. *Los círculos de piedra*. Barcelona: Ediciones B, 1997.
[56] Entrevista a Steve Taylor en «La Contra», *La Vanguardia*, 28 de agosto de 2009.

culino empieza a ser crucial para imponerse a los demás y para la conquista de nuevos territorios que aseguren la supervivencia. La ley del hombre se impone a lo natural y a su símbolo, la mujer, que sufre la misma suerte: pasa a ser controlada y dominada. El hombre se apodera de la prole, de los hijos y ordena cómo deben ser las cosas y el comportamiento de las mujeres.

Las personas —en especial, los hombres- comenzaron a ver el cuerpo en que vivían como algo inferior a ellos, concluyendo que sus instintos y deseos formaban parte de la naturaleza animal y que, por tanto, eran bajos y pecaminosos. Y, dado que las mujeres están «más cerca» de su cuerpo y que sus procesos biológicos son más evidentes, esa actitud acabó extendiéndose también a las mujeres. Los hombres se asociaban a sí mismos con la «pureza» de la mente, mientras que vinculaban a las mujeres con la «corrupción» del cuerpo.[57]

Esta escisión entre cuerpo y mente aún sigue vigente en nosotros actualmente.

Esta «caída» fue paralela al desarrollo de las religiones teístas, entre las que surgió la ideología judeocristiana, la cual fomentó mucho más este desprecio del cuerpo y la sexualidad predicando que el cielo se gana con sufrimiento y esfuerzo. Como la sexualidad puede originar descontrol y desorden, se convierte en tabú y empieza a restringirse para que solo tenga lugar en un marco determinado y dentro de las reglas que aseguren la continuidad de las propiedades y de los hijos, los dos valores importantes para la nueva mentalidad emergente.

En la fase mental o patriarcal del ego, el control de la agresividad y del deseo queda reservado a la ley y a la moral, afirma Whitmont.[58] Y todas las religiones posteriores a la «caída»

---

[57] Taylor, *op. cit.*, p. 239.
[58] Whitmont, *op. cit.*, p. 135.

hacen referencia, en un momento u otro, a la sexualidad como vehículo de una potente energía, una energía básica y primaria. Si controlas la sexualidad, controlas a las personas. Anteriormente, la naturaleza, Dios y la capacidad de la mujer para crear vida eran la expresión de un mismo concepto. La sexualidad se vinculaba a lo sagrado porque constituía la vida; desarrollarla y cuidarla resultaba prioritario puesto que a través de los mismos ritos se fertilizaba a la mujer y la tierra. No había individuos, sino un todo interrelacionado. Con las nuevas religiones, la sexualidad dejó de ser sagrada y divina para convertirse en una perversión, en algo pecaminoso. Poseer, controlar y lograr empieza a ser más valorado que ser y sentir. Cuando la sexualidad se convierte en tabú, hay que empezar a esconder y a avergonzarse de una parte del yo en pos del objetivo.

Todos estos cambios trajeron consigo importantes consecuencias para la mujer, muchas de las cuales siguen presentes en la sociedad contemporánea:

- Los seres humanos pasan a ser una posesión del hombre, que permite su uso e intercambio con otros. De ahí que, en el caso de las mujeres, la virginidad se convierta en un valor importante para poder ser usado.
- La mujer deja de ser valorada por sí misma y solo se aprecia por los hijos que da, que serán propiedad del varón.
- Como todo lo natural, la mujer debe ser sometida y, por tanto, su conexión con los ciclos naturales deja de ser una ventaja para convertirse en un estorbo que es necesario eliminar y domesticar.
- El potencial sexual femenino se niega, se controla y se somete, ya que solo tiene como fin la procreación.
- Todos los símbolos relacionados con la anterior manera de ver el mundo se tachan de diabólicos o perjudiciales.

Esta nueva ideología se pone al servicio del poder, la acumulación de posesiones y la consecución de objetivos para que el hombre pueda acumular aún más poder, tener más control y disfrutar mayores conquistas.

El prestigioso biólogo chileno Humberto Maturana, en una serie de conferencias que tuvo lugar en Barcelona en la década de 1990, explicaba cómo la cultura en la que vivimos potencia por encima de todo la competencia, el control y el éxito. Se valora sobre todo el ideal de llegar a ser alguien por encima del dejarse ser lo que uno es; nadie se trata a sí mismo con amor. Tememos el amor, es algo cultural. Mientras, el sexo, lo más sacro que tiene la existencia, se denigra como pecado porque la tradición judeocristiana asegura que nos aleja de Dios. Sin embargo, está intrínsecamente ligado al hecho de vivir en armonía con el mundo al que el ser humano pertenece, a la naturaleza que lo rodea y que le da la vida. Solo el sexo practicado con ternura y sensualidad genera este espacio de intimidad donde nace el bienestar del vivir humano y que da lugar a la pareja y a la familia.

Pero la religión judeocristiana nos ha despojado de este tesoro. El Concilio de Constantinopla, celebrado en el año 869, estableció que la razón es la única verdad y fuente de conocimiento, el único elemento que nos acerca a Dios. Por ello, hay que separarse del cuerpo y de lo que transmite para que la razón, lo más divino del hombre, pueda imponerse. Whitmont resumió con acierto las repercusiones de esta conclusión:

[...] el hombre no estaba compuesto de cuerpo, alma y espíritu, sino de cuerpo, alma y una *razón espiritual* únicamente. Puesto que hasta el alma se identifica cada vez más con la razón, también ese término se hace superfluo. Posteriormente se concibe al hombre solo como un cuerpo automatizado por reacciones reflejas razonables al medio. Esta es la psicología sin la psique, cosecha producida a principios del siglo XX. Todo puede entenderse a través de la mecánica racional. El saber ha sido sustituido por el reduccionismo intelectual, el positivismo estéril, y la escisión entre sujeto y objeto.[59]

Desde entonces la racionalidad imperante nos ha llevado a entender el mundo desmereciendo lo emocional y lo corporal, identificado con lo femenino y con lo que hay que dominar y controlar. Durante siglos, todo ha tenido la misma evolución, desde el control de lo más pequeño (individuo) hasta el sometimiento de lo más grande (naturaleza, grupos, sociedad, economía, cultura, globalización) pasando por la aniquilación de la naturaleza, la esencia de la mujer, hasta que ha llegado la necesidad de protegerlos a ambas (naturaleza y mujer) para evitar su desaparición.

En este contexto la mujer ha sobrevivido asumiendo la misma ideología patriarcal en que la razón y el conocimiento se imponen sobre lo instintivo y corporal. Así ha conseguido hacerse un lugar en el sistema patriarcal, pagando el alto precio de aprender a dominar desde la razón a costa de someter su cuerpo, desconectarse de sus sensaciones y su naturaleza instintiva. Ha conseguido relegar el instinto a lo más profundo de su conciencia, donde la perturbe lo menos posible.

MITOS QUE EXPLICAN EL CAMBIO DE MENTALIDAD

Diversas narraciones mitológicas han reforzado, en distintas épocas y culturas, este cambio de mentalidad forjando creencias que se imponían a las anteriores para construir un nuevo paradigma.

---

[59] Ídem, p. 187.

Salidas de la cabeza de Zeus
Muchas mujeres actuales se rigen en cierta medida por la imagen de Atenea, la diosa que nace de la cabeza de Zeus y rompe la línea vital madre-hija. La transmisión de la existencia no se produce de mujer a mujer, ni tampoco mediante una conexión con el instinto corporal, sino a través de un hombre que la trae al mundo desde su frente.

Atenea, la hija favorita del supremo dios griego, nació de la cabeza de Zeus como una mujer ya desarrollada, portando una resplandeciente armadura de oro, sosteniendo una afilada lanza en una mano y emitiendo un poderoso grito de guerra. Atenea se vinculó con Zeus reconociéndolo como único progenitor.[60]

De este modo, se iniciaba también la desvinculación de la madre y la hija, otra consecuencia del patriarcado.

Coyolxauhqui, la hija que quiere matar a su madre
La cultura azteca recoge la historia de Coyolxauhqui, «la adornada de cascabeles», donde también está presente esta ruptura en la línea madre-hija. Este mito asegura que Coyolxauhqui era la diosa de la Luna. Cuando se enteró de que su madre esperaba un hijo de un padre desconocido, Coyolxauhqui animó a sus cuatrocientos hermanos y hermanas a matar a Coatlicue, su deshonrada progenitora. En realidad, Coatlicue —la Madre Tierra— concibió a Huitzilopochtli cuando una bola de plumas levantada mientras barría un templo cayó en su escote.

Huitzilopochtli, que nació ya adulto y completamente armado, pudo salvar a su madre del ataque mientras esta se lamentaba por tanta violencia. El nuevo dios supremo —identificado con el Sol— le cortó la cabeza a su hermana Coyolxauhqui y la arrojó al cielo, donde se convirtió en la Luna.

---

[60] Murdock, *op. cit.*

Muchas otras tribus indígenas de América del Sur elaboraron mitos en los que la deidad que simboliza a la Luna es reemplazada por un dios solar.

La diosa Izanami, la mujer que toma la iniciativa
La cultura japonesa hace hincapié en el hecho de que sea siempre el hombre quien lleve la iniciativa en un encuentro sexual. Según su mitología, la toma del poder por parte de la mujer será castigada por los dioses.

La historia de la pareja formada por el dios Izanagi y la diosa Izanami explica el origen del mundo. Tras bajar del cielo, Izanagi preguntó a su esposa:

—¿Cómo está hecho tu cuerpo?

—Está perfecto, aunque una parte parece incompleta —contestó la diosa.

—El mío está también perfecto, pero le sobra una parte que podemos utilizar para tapar la parte incompleta del tuyo. Así procrearemos islas, tierras y países.

—Muy bien —respondió Izanami.

—Entonces, tú y yo daremos vueltas alrededor de la Columna Celestial. Tú girarás hacia la derecha y yo a la izquierda, y después nos acostaremos juntos en el palacio —siguió proponiendo Izanagi.

Poco después, la diosa le dijo a su esposo:

—¡Qué hermoso eres!

—¡Qué bella eres! —respondió Izanagi, aunque le advirtió que no estaba bien que la mujer lo dijera primero.

Se juntaron y la diosa dio a luz a un hijo sin vértebras que parecía una sanguijuela. Lo hizo arrojar a la corriente en un barco de cañas. Parió al segundo hijo, la isla llamada Awasima, pero también nació deforme. Unos dioses familiares de la pareja les aconsejaron que consultaran al dios celestial la causa de las anomalías de su descendencia. Así, Izanami y Izanagi se presentaron ante el dios supremo, quien —tras hacer un sortilegio quemando una escápula de ciervo con corteza de cerezo— llegó a la conclusión de que el error causante de tantas desgracias había sido que la mujer expresara su deseo de aparearse antes que el hombre...

Izanami y Izanagi regresaron al mundo terrestre y, siguiendo el consejo del dios superior, rodearon la Columna Celestial de nuevo. Esta vez, Izanagi llevó la voz cantante:

—¡Qué bella eres! —le dijo a su esposa.

—¡Qué hermoso eres! —respondió esta.

Restablecido ya el orden, la feliz pareja procreó muchas penínsulas e islas, como Shikoku, Kyushu, Iki, Tsusima, Sado y Honshu, y a los dioses que gobiernan las arenas, los ríos, las tierras, los tejados, etcétera.

Al menos, en este mito de la cultura japonesa se hace referencia a las relaciones sexuales y no se les atribuye ninguna maldad ni tampoco se las considera algo fuera de lo natural.

Una mujer sin poder

Todas estas historias tienen en común la pérdida de poder de la mujer ante lo masculino. Su independencia sexual es castigada, como también lo es su feminidad. La primera vez que leí un libro sobre mitología griega empecé a sentirme extraña y despertó mi incomodidad; descubrí que se debía a que la mayoría de los mitos narraban historias de violaciones a mujeres y de hombres que las dominaban.

También en la cultura judeocristiana la sexualidad y el poder de la mujer quedan completamente anulados. María concibe a Jesús siendo virgen, es decir, sin tener relaciones sexuales. Es un modelo de mujer que no ha experimentado el coito, que solo tiene relación con lo divino.

Por si fuera poco, a la mujer se la hace la máxima responsable de haber expulsado del paraíso a la humanidad entera.

Cuando Eva le propone a Adán tomar la fruta prohibida, este la sigue... y de ahí la perdición. Es justamente el deseo de la mujer lo que nos pierde a todos. Ella es la culpable por excelencia de todos los males de la humanidad. De ahí también que, para la ideología judeocristiana, el niño sea más importante que la madre, ya que es el fruto del padre lo que importa, no la mujer, que puede ser sustituida por otra.

A raíz de la figura sin sexualidad física de la Virgen María, convertida en el arquetipo de la mujer «santa» y «buena», en el ideal que debemos alcanzar para ser «validadas», nos hemos quedado atrapadas durante siglos en este marco ideológico, renunciando al cuerpo, al deseo y a nuestra sexualidad. Hemos vivido escindidas entre este arquetipo y su polaridad, la mujer «puta» que sí tenía sexualidad, deseo y podía disfrutar con el sexo. María Magdalena podría ejemplificar este otro modelo.

Sin embargo, esta historia bíblica, utilizada en provecho del patriarcado, está copiada de las antiguas historias que ya existían en las culturas anteriores a «la caída» que hemos mencionado anteriormente. En ellas, la Diosa es poderosa y concibe sola sin la intervención del hombre, como si se clonara a sí misma.

Según los judíos, la Biblia borra del mito original a Lilith, la primera mujer de Adán, que lo abandonó cuando intentó someterla sexualmente obligándola a yacer bajo él. En algunos textos antiguos se recoge la queja de Lilith:

¿Por qué he de acostarme debajo de ti? Yo también fui hecha con polvo, y por lo tanto soy tu igual.

Como Adán trató de obligarla a obedecer, ella, encolerizada, pronunció el nombre mágico de Dios, se elevó por los aires y dejó el paraíso. Se cuenta que se marchó al mar Rojo, donde a diario daba a luz a más de cien hijos porque tenía relaciones con los demonios de la región. Cuando tres ángeles de Dios fueron a buscarla, ella no quiso volver y fue castigada a perder a cien de sus hijos cada día.[61]

El significado de ser virgen

El mito judeocristiano también modificó el significado de la palabra «virgen». En la Antigüedad, designaba a «una mujer que expresa su sexualidad y su vida sin la intervención de la ley del hombre»[62]. Cuando el varón impone sus leyes a la mujer dictaminando lo que está bien y lo que está mal, la libertad sexual se pierde. Porque, en el origen, una virgen era la mujer que mantenía relaciones sexuales con todo el mundo sin límites y cuya sexualidad se podía expresar de forma abierta, sin tabúes, ya que no pertenecía a nadie. El mito primigenio se pervirtió completamente a favor del patriarcado.

De hecho, ¿a qué nos referimos cuando hablamos de una selva virgen? A un espacio en el que el hombre no ha entrado nunca antes. Así lo define Marion Woodman:

> Por lo tanto, en ese sentido el término «virgen» no significa castidad, sino precisamente lo contrario, la naturaleza preñada, libre y sin control, lo que en el plano humano equivale al amor fuera del matrimonio, que se contrapone a la naturaleza controlada, al amor dentro del matrimonio, a pesar de que, desde el punto de vista legal, la relación sexual dentro del matrimonio es la única que se considera casta.[63]

---

[61] Trepat, Carla. *El tesoro de Lilith: un cuento sobre la sexualidad, el placer y el ciclo menstrual.* Barcelona: ed. de la aut., 2012.

[62] Woodman, Marion. *Los frutos de la virginidad.* Barcelona: Luciérnaga, 1990, p. 114.

[63] Ídem.

El matrimonio

Esta institución derivada del patriarcado busca el orden y la racionalidad. Regula la sexualidad, que antes del nacimiento de esta figura no requería un marco legislativo, pues la castidad no era un valor. El matrimonio se consolidó como una costumbre entre todos los miembros de la sociedad aproximadamente a partir del siglo III. Anteriormente, las clases poderosas y adineradas eran las únicas que lo contraían con el fin de preservar su patrimonio. Así, en la antigua Roma no se imponía esta unión para regular las relaciones sexuales.

En la misma Grecia, por ejemplo, los hombres practicaban la bisexualidad con asiduidad, ya que tenían hijos con sus mujeres pero sus relaciones sexuales más placenteras se producían con muchachos adolescentes a los que ofrecían su amistad. Sin embargo, las mujeres no gozaban de esta libertad y, a menudo, eran encerradas para evitar que cometieran adulterio. Los griegos eran conscientes del gran potencial sexual de la mujer y lo veían como una fuerte amenaza a su virilidad. Como señal de dominación, por ejemplo, durante las bodas la mujer era sujetada por la muñeca por su marido y debía mostrar tristeza. Además, las púberes eran obligadas a casarse con hombres mucho mayores que como mínimo les doblaban la edad. Todo ello demuestra que, en la Grecia clásica, la sexualidad femenina había sido domesticada.

En cambio, el adulterio en el hombre, como saben y han vivido muchas de nuestras abuelas, era comúnmente admitido e incluso celebrado como una señal de virilidad, triunfo y éxito social. Mi idea al escribir *Nacidas para el placer* es contribuir a que recuperemos el concepto de mujer virgen original, es decir, con una sexualidad que no esté sometida ni controlada por la ley del hombre, que se encuentre en su esencia primera. Más allá de la polaridad de la «santa» y la «puta» en la que queda sumergida la sexualidad femenina, creo que este modelo patriarcal lleva implícito unas relaciones sexuales basadas en la fuerza y en la dominación-sumisión en las que la violación sería el caso extremo. La violación es la expresión máxima de la sumisión de la sexualidad de la mujer y la única forma de relacionarse sexualmente con ella en un marco que establece que esta no tiene deseo. Se abusa de la mujer en todos los sentidos y también en la sexualidad, que se vincula al martirio, el abuso y el dolor como forma «normal» de relación. Esto podría explicar también el éxito de la trilogía de E. L. James, iniciada con el éxito de ventas mundial *Cincuenta sombras de Grey* (2011) y devorada por millones de mujeres, a las que ha vuelto a conectar con su deseo y sexualidad. Cabe preguntarse cómo es posible que estas mujeres hayan sido seducidas por una historia que narra cómo un hombre torturado somete a capricho a una mujer enamorada, que accede a distintas perversiones sexuales y a prácticas sadomasoquistas. Esta trilogía se enmarca dentro en el único camino de goce erigido por el modelo patriarcal: sumisión, abuso, sacrificio, dolor, dependencia, pérdida de identidad... Son las vías permitidas para que la mujer pueda tener sexo. Por otro lado, es de agradecer que esta lectura haya abierto la curiosidad y ampliado las miras sobre la sexualidad femenina. Ha permitido a la mujer experimentar, curiosear e ir más allá de lo establecido como «normal». En esta historia, muchas mujeres pueden identificarse por primera vez incluso con una protagonista satisfecha sexualmente, aunque sea dentro del modelo patriarcal establecido que propone de forma no explícita el abuso y la violación entre hombres y mujeres como forma de relación.

El poder de los cuentos

Hay otras historias que influyen en el comportamiento sexual de las mujeres. En los cuentos tradicionales, la mujer alcanza la felicidad cuando encuentra a su «príncipe azul». De nuevo su sexualidad y bienestar están intrínsecamente asociados al poder de lo «masculino». Estas narraciones sirven para sostener también el constructo social de la mujer pasiva que no puede hacer nada por sí misma, como si ella sola no tuviera capacidad para actuar. Nos lo ha inculcado el patriarcado, culpabilizándonos cuando pasamos a la acción. Esta incapacidad para la decisión y para transformar el mundo es falsa.

Aun hoy, cuando la mujer finalmente pasa a la acción, a menudo lo hace más para cumplir un objetivo profesional que para luchar por lo que necesita y desea para sí misma independientemente de las exigencias del afuera y de los demás. Aunque hemos demostrado que somos capaces, inteligentes y responsables, una mujer que llega al poder aún es cuestionada —no son pocos ni pocas los que se preguntan si se ha acostado con alguien—, está vigilada más de cerca que un hombre y siempre pesa sobre ella cierta sospecha. Para triunfar se enfundan en un traje masculino y siguen las reglas patriarcales de sumisión-dominación creando relaciones de este tipo.

He encontrado con relativa frecuencia, durante la terapia, a mujeres que son capaces de vender, realizar o crear cualquier proyecto o producto siempre y cuando trabajan para alguien pero que, en cambio, no entienden por qué se sienten incapaces de hacerlo para sí mismas. Pesan los muchos años de historia patriarcal.

A menudo son las mismas mujeres —y con ello no quiero fomentar la culpabilización— las que se ocupan de mantener las ideas patriarcales en sus hijos e hijas, seguramente con el ánimo de protegerlos. Ocurre en África, por ejemplo. En uno de mis viajes al continente, un hombre nos llamó porque quería evitar que a sus hijas se les practicara la ablación del clítoris. Sin embargo, aprovechando que él estaba de viaje, la abuela la llevó a cabo. ¿Por qué? La mujer lo hizo por el bien de sus nietas: creyó que las niñas nunca hubieran podido casarse. A menudo, la mujer privilegia la seguridad al placer porque esta le permite criar bien a sus hijos, algo que también facilitaría su libertad y su independencia si la sociedad se la asegurara.[64] En el mundo católico la obligación de la mujer al débito conyugal no se derogó hasta 1964, con la llegada del Concilio Vaticano II. Al casarse, ella era obligada a ser obediente a su marido mientras que este debía respetarla y protegerla, pero no obedecerla. En España la mujer aún ha sufrido más que en otros países de Europa. La Inquisición y el franquismo han ejercido muchos años de represión. Durante la dictadura franquista, las mujeres requerían el permiso de un hombre para trabajar y también para abrir una cuenta en el banco. En mi familia, como en muchas otras, el sacerdote le preguntó a mi padre, después de que mi madre diera a luz, si esta ya había realizado un ritual de purificación, pues, según el cristianismo, era una mujer «impura» por los «actos» que había cometido para tener un hijo.

Nuestra sexualidad ha sido maldecida durante demasiados años, y las mujeres llevamos a cuestas ese lastre, agazapado en nuestro inconsciente y que merma nuestra capacidad de disfrute. Por todo ello, la mujer ha atenuado la expresión de su sexualidad o, al menos, la ha mostrado de una forma solapada, escondida... La sexualidad se ha convertido en algo clandestino. Así, las mujeres, sometidas generación tras generación a esta ideología patriarcal, siguen en muchos casos sin darse permiso para disfrutar o, cuando lo hacen, temiendo los peligros que esto puede acarrear.

Como mecanismo de adaptación muchas mujeres se han acostumbrado a desconectarse de su cuerpo y de su deseo, a obedecer, a satisfacer las necesidades de los demás antes que las propias, como si su función y su identidad pasaran solo en re-

---

[64] Véase el capítulo 6, «El nuevo modelo».

lación al «otro», ya sean hijos, marido, padres, etcétera. ¿Dónde queda ella? En unos casos no lo sabe y en otros ni se lo plantea. Es fácil, desde mi punto de vista, que esto sea la causa de los trastornos que expresan precisamente esta desconexión, como depresión, fatiga o falta de deseo en distintos ámbitos. La mujer, incluso la más moderna, no se da permiso para decir «sí» o «no» cuando lo desea, sino que está más preocupada por cumplir con las normas. Sus células saben que de ello ha dependido su supervivencia durante muchos siglos.

La culpa

Las mujeres hemos crecido con un gran sentimiento de culpa. Nos sentimos culpables por lo que hacemos, por lo que no hacemos, por lo que deseamos, por lo que sentimos, por lo que dejamos de sentir... Como mujer y como psicoterapeuta, he conocido a muchas mujeres que se sentían culpables por gozar de su sexualidad, algo que las llevaba a sentirse indignas y culpables por expresar todo su potencial y su fuerza en este ámbito, donde, como en otros, ambos son enormes.

> He sufrido mucho como mujer, no entendía mi sexualidad tan «heavy» porque la destilaba y se alejaba de lo convencional. Me ha ayudado mucho hablar del tema de una forma natural y sin tapujos. Yo podría llegar a pegar durante un polvo... Me gusta el sexo entre dominante y dominado. Me gusta mucho jugar a dominar. Necesito sentir que voy a subirme a una atracción como el Dragon Khan cuando tengo una relación sexual. Y los hombres se asustan. Mi educación choca con lo que pide mi cuerpo. Durante muchos años he sentido culpa y después de follar me fustigaba.

Este sentimiento de culpa aparece cuando se disfruta del sexo porque es algo que se achaca a una «puta», una figura rechazada incluso por las mismas mujeres. Y antes que ser una «puta» coartamos nuestro deseo o lo abrazamos con culpabilidad, al igual que la culpa aparece cuando la mujer toma la fuerza, el poder y la agresividad. Se habla de la liberación de la mujer, pero esta solo se ha producido de puertas afuera; en su interior, la mujer sigue siendo prisionera del viejo patrón y sobre todo sigue teniendo barreras a la hora de relacionarse con su placer y con la expresión completa de su sexualidad. Aún seguimos avergonzándonos de nuestros orgasmos y, en términos de *coaching*, así como la culpa se origina del hecho de estar atentando contra un valor personal, la vergüenza surge de hacerlo contra un valor social.

La sociedad está evolucionando, pero todavía hoy el hombre puede mantener relaciones sexuales con mujeres mucho más jóvenes sin ser criticado, mientras que, en el caso de la mujer, es menos aceptado: cuando una mujer se siente atraída por un joven, aparece la inseguridad frente a la respuesta social que puede obtener. No obstante, desde una perspectiva biológica, estas relaciones son completamente lógicas puesto que, con los años, la mujer adquiere una madurez sexual que puede satisfacer mucho mejor a un joven que a un hombre maduro.[65] Se ha comprobado científicamente que las mujeres alcanzan su plena madurez sexual a los cuarenta años de edad, mientras que los hombres están en su mejor momento a los veinte y, a partir de entonces, su deseo y vigor sexual comienza a decaer. En cambio, la sensibilidad de la vagina mejora con la edad y, en general, la mujer madura puede disfrutar más de la penetración que cuando era joven.

En el caso de la mujer, deseo y culpa siempre están entrelazados. Cuando siente deseo, suele negárselo, y cuando lo despierta en el otro, se la persigue por provocadora, con lo que ella también se culpabiliza.

---

[65] Bolinches, Antoni. *Sexe savi: com mantenir l'interès sexual en la parella estable.* Barcelona: Pòrtic, 2002, p. 173.

Unas mujeres musulmanas discuten: ¿qué se puede hacer para no provocar a los hombres? Van poniendo ejemplos y contra-ejemplos hasta que una de ellas dice: mujeres, no os preocupéis, el problema no está en vuestros vestidos sino en sus ojos. El grupo la mira un momento y se apresura a decir, si, ya, claro, eso ya lo sabemos. Y siguen su inútil conversación de sobremesa. La silenciosa observadora quería contar que el deseo de los hombres no es responsabilidad de las mujeres, que es inherente a la naturaleza y que algún motivo habrá para que Dios crease esa pulsión que nos empuja los unos hacia los otros. También habría añadido que en realidad todos aquellos que postulan sobre cómo deben vestir, comportarse o ser las mujeres, lo que más temen sería descubrir que ellas también desean, piden, quieren ser satisfechas y sienten tanto o más que ellos ese impulso vital que es el sexo. Pero entonces el hombre tendría que preguntar y pensar qué hacer para complacer a su compañera. A quien conoce los secretos y sutilezas de la sexualidad femenina no le supone ningún problema, pero ay, los ignorantes reprimidos como este llamado estudioso del Corán de Melilla, qué miedo les dan las señoras que disfrutan de los placeres carnales. Por eso la solución cobarde que proponen es la de controlarlas, pedirles, por Dios, que se tapen. Pero ni así, ni con pañuelo dejan de provocar con sus curvas, sus zapatos de tacón de aguja, sus vaqueros ajustados y sus perfumes irresistibles.[66]

Este fragmento de un artículo de la escritora Najat El Hachmi, de origen marroquí y afincada en España, ejemplifica muy bien esta relación entre deseo sexual y culpa. A consecuencia de haber negado el instinto durante tantos años, los hombres proyectan en las mujeres su deseo reprimido y no validado por las normas hasta el punto de hacerlas culpables de lo que sienten,

---

[66] El Hachmi, Najat. «Fornicando a cada paso». *El Periódico*, 30 de julio de 2013.

como si aquellas fuesen las únicas responsables del despertar de la naturaleza en ellos. Las mujeres asumen esta culpa y su responsabilidad y se esfuerzan una y otra vez en evitar algo que es inevitable por haber negado nuestra sociedad que existen el instinto y la sexualidad, los cuales siempre se impondrán a las normas. Esto no deja de ser un ejemplo más de la relación perpetrador-víctima propia del patriarcado.

Este tipo de relación es la que defiende como natural la teoría evolucionista, teñida —según Ryan y Jethá—[67] de ideología patriarcal. El evolucionismo está convencido de que entre los hombres y las mujeres se da una dinámica en la que subyace la explotación mutua, una relación de perpetrador-víctima en la que cada uno busca saciar su interés y explotar al otro. La mujer busca apoderarse de los recursos del hombre utilizando el sexo, la seducción y la manipulación para conseguir sus objetivos. El hombre, en cambio, intenta atraer a alguna jovencita bella e inocente con promesas de amor eterno para dejarla embarazada lo antes posible y así perpetuar sus genes, mientras mantiene al mismo tiempo relaciones sexuales con todas las mujeres. Según este modelo de relación, el principal interés de la mujer es la seguridad y el del hombre, expandir su semen. De acuerdo con esta perspectiva, que se acepta como científica, hemos evolucionado para engañarnos mutuamente, mostrándonos egoístas hasta el extremo para alcanzar nuestros fines genéticos. Si esto fuese cierto, la confianza mutua, la solidaridad y el amor no serían valores propios de los seres humanos ni formarían parte de manera natural de las relaciones hombre-mujer. Esta teoría biológica justifica de nuevo, como algo natural e intrínseco a nuestra genética, la relación perpetrador-víctima desarrollada por el sistema patriarcal.

---

[67] Ryan y Jethá, *op. cit.*, pp. 72-73.

Las ideas psicológicas

La ciencia no está exenta de ideología. Cuando tenía veinte años y cursaba psicología, recuerdo como si fuera ahora un día en que, durante un trayecto en autobús, estudiaba un tratado de Freud. De pronto, no daba crédito a las palabras. Supuso un gran impacto para mí. El libro hablaba sobre la sexualidad femenina y llegué a un párrafo en que el «maestro» afirmaba que las mujeres sufrían «envidia de pene». No podía creerlo. Lo releí, dos, tres veces... Era incapaz de comprender. ¿Cómo podía pensar esto de mí el padre de la psicología? No solo no me veía tal cual yo era, ¡si no que me colocaba en un lugar de inferioridad por no tener pene! Cerré el volumen y no pude seguir leyéndolo. No quería saber nada más de Freud.

Sigmund Freud (1856-1939) fue el primero en hablar de la importancia de la sexualidad en el ser humano, pero construyó su teoría a partir de la visión androcéntrica que imperaba en la época en que vivió. El hombre es, según el fundador del psicoanálisis, quien tiene una identidad propia y las mujeres no forman parte de ella. Desde ahí, lo que le pasa a la mujer se define en referencia a lo que tiene el hombre, que es tomado como modelo. Las mujeres sufrimos, por tanto, un complejo de castración, una envidia de pene y complejo de Edipo. La causa de nuestra neurosis es que envidiamos el pene, como símbolo del poder de los hombres, y nos sentimos castradas e incompletas. La psicoanalista Karen Horney (1885-1952) dejó a su terapeuta —Karl Abraham (1877-1925), uno de los primeros discípulos de Freud— cuando este le presentó su tesis sobre la neurosis femenina y, a partir de aquí, ella elaboró su propia teoría:

[...] la batalla en el territorio de la psicologia femenina se inicio tras la comunicación de Abraham en el VI Congreso Internacional de Psicoanálisis celebrado en La Haya en 1920, bajo el título de *Manifestaciones del complejo de castración femenino* [...], donde afirmo, en parte con base a lo recogido en el análisis de la propia Horney, que muchas mujeres tienen el deseo reprimido de ser varones y rechazan su identidad sexual, cosa que se muestra en múltiples contenidos oníricos y en variados síntomas neuróticos, conjunto que confirmaba la presencia de la envidia del pene y el subsiguiente complejo de castración que Freud había señalado como núcleo de la psicologia de la mujer. Abraham indico que las menstruaciones, las relaciones sexuales y el parto reavivaban el latente complejo de castración y que el frecuente odio a los hombres, sobre todo al padre, expresaría el resentimiento por no haber recibido un pene, de lo que también surgiría la frigidez, la prostitución, el lesbianismo, el feminismo, la fobia a ver heridas y el afán vindicativo de muchas mujeres.[68]

Reivindicar también es síntoma de enfermedad y así el círculo queda cerrado al igual que la posibilidad de reacción. Claro que las mujeres podemos tener envidia del poder del hombre, no porque queramos ser como él, sino porque no se nos deja hacer lo que queremos y estamos en una situación de subordinación respecto a lo masculino. Esta envidia corresponde a un afán de libertad. ¡Como si tener los órganos genitales más grandes y fuera del cuerpo y ejercer un papel más activo en la dominación de los demás fuese mejor! Como si el poder fuera lo único importante en la vida. Si nos colocáramos en otros parámetros, seríamos capaces de desarrollar nuevas alternativas.

La primera: ¿es posible que Freud hiciese una proyección de lo que a él le hubiera gustado tener y no poseía, es decir, una enorme capacidad para el placer? La segunda: ¿tendrán los hombres miedo de las mujeres y por eso han necesitado domi-

---

[68] Vallejo Orellana, R. «Karen Horney, una pionera de la ruptura con el modelo freudiano para explicar la psicologia femenina y el desarrollo humano sano y neurotico». *Apuntes de Psicología*, vol. 20, n.º 2, 2002, p. 10. Cit. en González San Emeterio, *op. cit.*

narlas y castigarlas para no sentirse amenazados por su inmenso poder sexual? Otra posibilidad es la que defendió y construyó Karen Horney —precursora de un enfoque más feminista dentro del psicoanálisis— para contrarrestar la teoría de Abraham. Horney argumentaba que, en realidad, los hombres sienten una clara envidia de las mujeres por su posibilidad de concebir y de amamantar a los hijos. El místico y maestro espiritual indio Osho (1931-1990) expresó la misma idea con otras palabras, afirmando que el patriarcado es solamente la expresión del complejo de inferioridad del hombre frente a la capacidad de dar vida que tiene la mujer.

Veamos una prueba más. En *La negación de la vagina* (1933), Horney asegura que el hombre teme a la vagina y su poder:

> [...] el niño vive [la vagina] como demasiado grande para su pequeño pene, lo que trae defensivamente consigo una hipervaloración narcisista del órgano masculino.[69]

Defiende asimismo la hipótesis de que la niña tiene una sexualidad vaginal primaria, es decir, una pulsión básica sin necesidad de ser definida a través del hombre y que contradice la idea freudiana de una sexualidad fálica primaria. Es la primera vez que el psicoanálisis admite el deseo sexual femenino como primario.

Freud también sostuvo que las mujeres no tenían un orgasmo pleno si este no era vaginal. Nos siguió culpando por lo que éramos. Solo el orgasmo que puede producir el hombre con su pene es satisfactorio. Muchas mujeres están acomplejadas por no poder tener orgasmos vaginales. Fue también Freud quien nos culpabilizó por no alcanzar siempre durante las re-

---

[69] Ídem.

laciones sexuales el orgasmo vaginal, según él el único completo, algo que —como hemos visto— se ha demostrado falso. Las teorías freudianas no dejan de ser una manera de culpar a las mujeres de ser como son y de querer conseguir que se ajusten al modelo del hombre, en lugar de ampliar el abanico de posibilidades de como podemos ser.

A lo largo de la historia del psicoanálisis ha habido distintas terapeutas que han rebatido los principios freudianos y propuesto alternativas. Entre ellas destacan, aparte de Horney, la austríaca Melanie Klein (1882-1960), que creó la teoría de las relaciones objetales, y varias seguidoras de las teorías del psiquiatra y psicoanalista francés Jacques Lacan.[70]

Lo que se concluye de todo esto es que la mujer sigue sin ser tenida en cuenta como un sujeto con una identidad propia e independiente de lo masculino. González San Emeterio recoge las siguientes palabras de Luce Irigaray, una de las mayores exponentes del movimiento filosófico feminista francés:

> El sujeto pensante, histórico, de conocimiento, que se declara universal, es sexuado: es masculino. Las mujeres no nos podríamos reconocer en este sujeto universal masculino. Los hombres habrían construido la identidad masculina como la única posible, negando a las mujeres una subjetividad propia. Por tanto, lo que conocemos como femenino en el patriarcado no seria lo que las mujeres son o han sido, sino lo que los hombres han construido para ellas. Las mujeres son, en una relación especular con lo masculino, vacías de contenidos independientes. Esta carencia de subjetividad femenina independiente seria necesaria para la perpetuación del patriarcado.[71]

---

[70] Cit. en González San Emeterio, *op. cit.*
[71] Ídem, p. 97.

Nos queda el reto de zafarnos de este modelo heterosexual masculino para crear uno nuevo en el que no haya compartimentación de géneros y en el que todas las diferencias puedan estar incluidas.

Según recoge Ernest Jones, uno de los primeros discípulos de Freud y autor de su biografía oficial, el padre del psicoanálisis le confesó:

> La gran pregunta a la que jamás se ha dado respuesta y a la que yo no he sido capaz de contestar, pese a mis treinta años de investigación, es: «¿Qué quiere una mujer?».[72]

Parece que Freud, al hacerse esta pregunta, era muy consciente de que había algo a lo que no conseguía llegar. Lo que más me sorprende es su incapacidad para contestar la pregunta simplemente preguntando a las mujeres a las que analizaba, la mayoría en su consulta. ¿O acaso consideraba que ellas no lo podían saber? ¿Quizá pensaba que ellas no eran suficientemente inteligentes para encontrar una respuesta o que solo los hombres estaban capacitados? Nosotras sí sabemos lo que queremos si se nos da la oportunidad de ejercer nuestra voluntad sin coacción.

El siguiente cuento, titulado *Gadwin y Lady Ragnell*, se desarrolla supuestamente en la campiña inglesa del siglo XIV y ofrece una interesante conclusión:

> Un día a finales de verano, Gadwin, el sobrino del rey Arturo, estaba con su tío y los caballeros de la corte en Carlisle. El rey volvió de su cacería diaria tan pálido y alterado que Gadwin le siguió a

---

[72] Jones, Ernest. *The Life and Work of Sigmund Freud*. Nueva York: Doubleday, Anchor Books, 1963, p. 368. Cit. en Whitmont, *op. cit.*, p. 222.

sus aposentos y le preguntó qué le sucedía. Durante su cacería, Arturo había sido atrapado por un terrible caballero del norte llamado Sir Gromer, que buscaba vengarse por la pérdida de sus tierras. Gromer había dado a Arturo la oportunidad de escapar, con la condición de que, un año después, acudiera desarmado al mismo lugar con la respuesta a la siguiente pregunta: «¿Qué desean las mujeres por encima de todo?». Si hallaba la respuesta correcta a esta pregunta, salvaría su vida.

Gadwin aseguró a Arturo que juntos podían hallar la respuesta correcta a la pregunta, y durante los doce meses siguientes fueron recogiendo respuestas de uno a otro confín del reino. A medida que se acercaba el día, Arturo temía que ninguna de ellas resultara ser cierta.

Unos días antes de su cita con Sir Gromer, Arturo salió a cabalgar solo por el dorado tojo y el morado brezo hasta un bosque de grandes robles. De pronto, ante sus ojos apareció una mujer enorme y grotesca. «Era casi tan ancha como alta. Su piel estaba llena de manchas verdes y su cabeza estaba cubierta por un cabello como de púas de algas. Su rostro parecía más animal que humano». Se llamaba Lady Ragnell. La mujer dijo a Arturo que sabía que iba a encontrarse con su hermanastro Sir Gromer sin tener todavía la respuesta correcta para su pregunta. También le dijo que ella la conocía y se la daría si el caballero Gadwin accedía a casarse con ella. Arturo se aterró y exclamó que eso era imposible, que no le daría a su sobrino. «No te pedí que me dieras al caballero Gadwin —le espetó ella—. Si el caballero Gadwin accede por su propia voluntad a casarse conmigo, entonces te daré la respuesta a la pregunta. Esa es mi condición». Y, tras añadir que la encontraría al día siguiente en el mismo lugar, desapareció en el robledal.

Arturo quedó anonadado porque no podía considerar siquiera la posibilidad de pedir a su sobrino que entregara su propia vida en matrimonio a esa horrible mujer para salvar la suya. Gadwin salió cabalgando del palacio para encontrarse con el rey y, al ver su aspecto pálido y angustiado, le preguntó qué había sucedido. Al principio, Arturo se negó a decírselo, pero cuando al fin le confesó los términos de la propuesta de Lady Ragnell, Gadwin se alegró sobremanera de poder salvar la vida de Arturo. Cuando el rey le suplicó que no se sacrificara por él, Gadwin respondió: «Esa decisión es solo mía. Volveré contigo mañana y accederé a la boda con la condición de que la respuesta que te dé sea la correcta para salvarte la vida».

Arturo y Gadwin se encontraron al día siguiente con Lady Ragnell y accedieron a su propuesta. Al día siguiente, Arturo cabalgó solo y desarmado para encontrarse con Sir Gromer. Arturo probó sin éxito todas sus demás respuestas y, cuando Sir Gromer ya alzaba la espada para cortarlo en dos, añadió: «Tengo una respuesta más. Lo que la mujer desea por encima de todo es el derecho a su soberanía, el derecho a ejercer su propia voluntad».

Sir Gromer montó en cólera adivinando que Arturo había averiguado la respuesta correcta de labios de Lady Ragnell. Maldijo a su hermanastra y desapareció en la espesura.

Gadwin fue fiel a su promesa y se casó con Lady Ragnell ese mismo día. Después del banquete de boda, al que asistieron en horrorizado silencio todos los nobles y damas de palacio, la pareja se retiró a sus aposentos. Lady Ragnell pidió a su esposo que la besara. «Gadwin lo hizo al instante. Cuando se retiró, ante sus ojos había una joven de bella silueta con ojos grises y un rostro sereno y sonriente».

Gadwin se asombró y, asustado de la magia de su esposa, le preguntó qué había sucedido para producir tan espectacular cambio. Ella le dijo que su hermanastro la había odiado siempre y le había dicho a su madre, que sabía de brujería, que la transformara en una criatura monstruosa que solo podría desencantarse cuando el mayor caballero de toda Inglaterra la tomara voluntariamente por esposa. El sorprendido esposo le preguntó por qué Sir Gromer la odiaba tanto. «Me juzgaba atrevida y poco femenina porque le desafié. Me negué a obedecer sus órdenes, tanto respecto a mis tierras como a mi persona». Gadwin sonrió lleno de admiración y se maravilló de que el embrujo hubiera sido roto. «Solo en parte —respondió ella—: tienes que elegir, mi querido Gadwin, cómo seré. ¿Prefieres que tenga mi forma real por la noche y mi otra forma horrible durante el día? ¿O deseas que tenga mi forma grotesca por la noche en nuestro dormitorio y mi forma real en palacio durante el día? Piénsalo bien antes de decidir».

Gadwin lo pensó un momento y se postró ante su esposa, cogió su mano y le dijo que él no debía escoger porque la elección dependía de ella, la única persona que podía tomarla. Y añadió que él apoyaría gustoso su decisión. Ragnell irradiaba de alegría: «Has respondido bien, queridísimo Gadwin, pues tu respuesta ha roto por completo el maleficio de Gromer. ¡La última condición que puso ha sido cumplida! Pues dijo que si, tras mi boda con el mayor caballero de Inglaterra, mi esposo me concedía libremente el derecho a ejercer mi propia libertad, el maleficio quedaría roto para siempre».[73]

Este cuento recoge la idea de libertad absoluta que me gustaría hacer llegar tanto a las mujeres como a la sociedad en general. Cada uno tiene derecho a ser lo que es y llevarlo a cabo. Todo ser humano tiene derecho a realizarse de la manera que considere, sin verse obligado a obedecer o depender de otros, teniendo en cuenta a los demás y respetándolos, algo que se olvida en el marco del capitalismo, el cual conlleva la explotación de los otros. Gadwin simboliza la necesidad de un nuevo hombre que acompañe a la mujer respetándola sin imposiciones ni chantajes y a la vez queriendo estar con ella tal y como ella es.

---

[73] Murdock, *op. cit.*, pp. 195-198. A su vez, Murdock lo toma de Phelps, Ethel Johnston. *The Maid from the North: Feminist Folk Tales from Around the World*. Nueva York: Holt, Rinehart & Winston, 1981.

Un hombre que no pretende cambiarla ni adaptarla. Como Murdock señala, esta historia «representa la curación tanto de lo masculino herido como de lo femenino distorsionado, une a la Mujer Sabia con el Hombre con Corazón».

IDEAS MÉDICAS ERRÓNEAS SOBRE LA SEXUALIDAD DE LA MUJER

Freud no es el único que ha desarrollado ideas erróneas sobre la sexualidad de la mujer, un fenómeno que aún no se ha erradicado con el progreso médico. En pleno siglo XXI, la uróloga Helen O'Connell empezó a interesarse por la sexualidad femenina al darse cuenta de que, cuando se extirpaba la próstata cancerígena de un hombre, los médicos eran muy cuidadosos con la intención de preservar su capacidad de erección, un interés que no era patente cuando se realizaba una extirpación del útero. O'Connell también advirtió que apenas se disponía de estudios sobre el clítoris y empezó a investigar más sobre este órgano, el gran olvidado por la ciencia.[74]

Michel Odent es uno de los especialistas que ha denunciado reiteradamente el perjuicio que supone el exceso de medicalización que rodea el parto, así como el exceso de intervención del hombre en este proceso natural, en el cual conviene evitar todo aquello que suponga una estimulación del neocórtex —la porción cerebral más reciente en términos evolutivos, también llamada cerebro racional—, como el lenguaje, la luz, la falta de intimidad... Odent denuncia la masculinización del parto iniciada después de la Segunda Guerra Mundial y que fue incuestionable hasta la década de 1970. La técnica simplificada de la cesárea, desarrollada recientemente por Michael Stark, se conoce y practica hoy en día a lo largo de los cinco continentes, mientras que la mayor parte de los médicos aún desconocen

---

[74] Béjar, *op. cit.*, p. 364.

muchos aspectos de la «cientificación del amor», incluidos los efectos de la oxitocina en el comportamiento. Odent asegura que, cuando se respeta el curso natural del parto sin intervenciones, la oxitocina —la hormona que favorece el amor y el vínculo— se ocupa de todo lo demás y el parto tiene lugar sin complicaciones en la mayoría de los casos.

También como señala Marcel Caufriez, sexólogo y doctor en Ciencias de la Motricidad, la episiotomía —un procedimiento quirúrgico que incluye un corte en la zona entre la vagina y el ano para ampliar el canal vaginal y acelerar la salida del feto— es una intervención innecesaria. Caufriez asegura tener pruebas irrefutables de que los partos en que se realiza la episiotomía suelen acabar en una mutilación sexual de la madre porque con esta intervención se corta un nervio rectal inferior que está en la piel y que forma parte de la inervación sexual de la mujer. Este corte resulta irreparable. Por otra parte, la OMS recomienda que la cifra de episiotomías no supere el 6 % de los primeros partos. En Inglaterra se alcanza ese porcentaje, mientras que en Suecia no se llega al 4 %. Sin embargo, en Francia se sitúa en el 65 % y en España llega a un 95 %.

Según Caufriez, en la fase de expulsión del feto no hay que empujar y tampoco es bueno intervenir (conviene recordar que las ventosas y fórceps son instrumentos que desgarran tejidos). El dolor en el parto hace que el organismo produzca prostaglandinas, que conllevan la segregación de oxitocina, la hormona del amor, responsable a su vez de las contracciones del útero. Al aplicar la anestesia epidural —continúa Caufriez— se inoculan opiáceos y extractos de cocaína que provocan un bloqueo motor que detiene el útero y también las contracciones, pues desaparecen las prostaglandinas. No hay dolor, pero tampoco contracción. Entonces, el médico inyecta oxitocina. En función de la dosis inyectada, puede haber riesgos importantes como advierte Caufriez, que asegura haber visto desgarros derivados de un exceso de oxitocina.

III. Historia de las ideas que han construido a la «Mujer»

Nada debería pertenecerle tanto a una mujer como las decisiones que rodean su parto, pero con el argumento de que se hace por su seguridad se interviene una y otra vez en este momento, interrumpiendo el curso de la naturaleza e interfiriendo también en el vínculo madre-hijo. El parto tecnológico impera sobre el parto natural. No confiamos en la naturaleza, ni por tanto en la vida. También descartamos nuestros impulsos como algo que controlar y caemos en la medicalización ante cada posible respuesta incómoda de nuestro cuerpo, comenzando por la intrusión quirúrgica y farmacológica en la sala de partos. Se produce también una separación entre el bebé y la madre al interferir en el crucial momento del apego y, como advierte Claudio Naranjo, se deja a los «niños atemorizados y sedientos de amor, y continuando con una educación patriarcal implícitamente despótica».[75]

La tradición, el progreso y la cultura se ceban en la naturaleza de la mujer. Actualmente, más de cien millones de mujeres sufren mutilaciones genitales. La infibulación o «circuncisión faraónica» consiste en amputar todo el clítoris, los labios menores y las zonas adyacentes a los labios mayores y luego suturar ambos lados de la vulva, dejando así un pequeño orificio para la orina y la menstruación. Odent denuncia estas prácticas:

> [...] en las mujeres que hayan sufrido este tipo de intervención, los partos serán largos y será necesario que intervenga un médico para cortar los tejidos cicatriciales y ensanchar el paso. Este es uno de los muchos métodos existentes con los que se mantiene el condicionamiento cultural de que la mujer es incapaz de dar a luz por sí misma y sin la ayuda de otras personas durante el parto.[76]

---

[75] Naranjo, Claudio. *La mente patriarcal*. Barcelona: Integral, 2010, pp. 34-35.

[76] Odent, Michel. *Las funciones de los orgasmos: la vía rápida hacia la trascendencia*. Tegueste: Ob Stare, 2011, p. 48.

Tampoco la falta de deseo sexual es considerada una patología, a diferencia de lo que ocurre con el deseo sexual masculino. Tanto la medicina como las mujeres viven de espaldas a la sexualidad femenina hasta el punto de ignorar la inapetencia sexual constante, mientras que la disfunción eréctil mueve cantidades ingentes de dinero para ser resuelta. Basta el Viagra como ejemplo. De hecho, nadie se ha molestado en publicar que los anticonceptivos orales femeninos modifican el deseo sexual en la mujer. Por otra parte, la manera en que la mujer escoge al hombre guiándose por cánones sociales y no por su instinto, lo que la lleva a optar por machos menos compatibles con ellas genéticamente, acaba derivando en más anomalías en la descendencia.[77] Los médicos se preocupan con urgencia por todo lo que hace referencia a la sexualidad masculina y no ven ninguna señal de alarma en la inapetencia sexual femenina, de la que —añadiría— no se preocupan ni las propias mujeres en algunos casos.

Hay muchos síntomas de esta «enfermedad» derivada de los constructos sociales que relegan lo instintivo y lo corporal en nombre de la ciencia, la planificación, el progreso y lo racional. Uno de ellos es el creciente número de casos de infertilidad que se registra en nuestras sociedades occidentales, donde la reproducción se posterga hasta tal punto que parece que, cuando se desea, la vida se rebela a acceder ante tanta racionalidad. También se han incrementado las disfunciones eréctiles y, opino, la causa debe contemplarse también en esta falta de contacto con nuestro cuerpo y nuestro instinto. La mente se impone hasta tal punto que se pierde el deseo y con él la erección.

Está claro que necesitamos un nuevo tipo de actitud y sabiduría médica que nos ayude a ponernos en contacto con nuestro dolor

---

[77] Ryan y Jethá, *op. cit.*

interior como primer paso hacia la sanación. Ver esa conexión entre la adicción y el patriarcado ha sido esencial en mi comprensión de los comportamientos que se ocultan tras los principales problemas de salud de las mujeres. Lamentablemente, la palabra «patriarcado» suele ir acompañada de acusaciones a los hombres, pero la acusación es uno de los comportamientos claves que mantienen a las personas atascadas en sistemas que las dañan. Ni las mujeres ni los hombres ni la sociedad en su conjunto pueden avanzar y sanar mientras un sexo culpe al otro. Tenemos que decidirnos a avanzar y dejar atrás las acusaciones. Tanto los hombres como las mujeres perpetuamos el sistema en que vivimos con nuestros comportamientos adictivos cotidianos. Dando el nombre de «sistema adictivo» al patriarcado, Schaef ha hecho un progreso importantísimo en nuestra comprensión de los problemas de la sociedad.[78]

Y en estas creencias con las que hemos crecido, la enfermedad es el enemigo que combatir. No se escucha el síntoma, sino que se le aniquila con medicamentos sin respetar los procesos de autocuración que posee el propio organismo ni aliarse con ellos:

> El sistema adictivo subordina el cuerpo al cerebro y a los dictados de la razón. Con frecuencia nos enseña a no hacer caso del cansancio, del hambre, de la incomodidad o de nuestra necesidad de cuidados y cariño. Nos condiciona a considerar el cuerpo un adversario, sobre todo cuando nos da mensajes que no queremos oír. Nuestra cultura suele tratar de matar al cuerpo como mensajero junto con el mensaje que trae. Sin embargo, el cuerpo es el mejor sistema sanitario que poseemos, si sabemos escucharlo.[79]

---

[78] Northrup, Christiane. *Cuerpo de mujer, sabiduría de mujer: una guía para la salud física y emocional*. Barcelona: Urano, 2010. La psicóloga y psicoterapeuta estadounidense Anne Wilson Schaef es autora de obras de gran éxito, como *When Society Becomes an Addict* (1988).
[79] Ídem.

Northrup prosigue señalando que no solo estamos convencidos de que la ciencia médica es omnipotente, sino que, además, la mujer llega a crecer con la idea de que su cuerpo es anormal: cuando siente deseo por el mero hecho de sentirlo, cuando no lo siente porque carece de él, porque su cuerpo produce vello, celulitis, olores, segrega líquidos...

> Dado lo que se nos enseña, no es extraño que la mayoría nos sintamos mal preparadas para relacionarnos con —y confiar en— nosotras mismas. Nos han «medicalizado» el cuerpo desde antes de que naciéramos. Nuestra cultura teme todos los procesos naturales: nacer, morir, sanar, vivir. Diariamente se nos enseña a tener miedo. [...] El sistema adictivo tiene miedo de las reacciones emocionales, y valora muchísimo el dominio de las emociones, porque está desconectado de ellas. El cuerpo femenino, desde hace milenios asociado a los ciclos y sujeto al flujo y reflujo de los ritmos naturales, se considera particularmente emocional y necesitado de control. Toda nuestra sociedad funciona de maneras que nos mantienen desconectadas de lo que sabemos y sentimos. En un sistema adictivo, las personas en general, y las mujeres en particular, nos ponemos a la defensiva y somos propensas a la negación. [...] Estos hábitos nos impiden conectar con nuestra guía interior y nuestras emociones, y esta desconexión a su vez nos mantiene en un estado de sufrimiento que va aumentando cuanto más tiempo la negamos. Se requiere mucha energía para seguir desconectada de ese sufrimiento, y muchas veces recurrimos a hábitos culturales, a substancias adictivas, por ejemplo, para evitar enfrentarnos a esa infelicidad y ese dolor.[80]

---

[80] Ídem.

La histeria

Durante mucho tiempo este trastorno ha estado vinculado exclusivamente a la mujer y constituye uno de los ejemplos más gráficos de la medicalización y control de la sexualidad femenina por parte del sistema patriarcal. El entorno científico niega en este caso una vez más lo natural para justificar su existencia. Con este sistema médico amparado por la sociedad, se controlaba la fidelidad de la mujer, que ya de por sí se autocensuraba hasta el punto de no pensar que, en realidad, sufría un ardiente deseo sexual por satisfacer. Desde el siglo IV a. C. hasta 1952, momento en que desapareció de la lista de diagnósticos conocidos en medicina, la histeria era considerada una enfermedad y, además, era de las más frecuentemente diagnosticadas en el mundo. Las mujeres que acudían a la consulta médica padecían síntomas muy parecidos a la frustración sexual y a la excitación sexual crónica no satisfecha. A finales del siglo XIX, por ejemplo, hubo una «epidemia» de histeria y los médicos se dieron cuenta de que la masturbación aliviaba los síntomas que sufrían sus pacientes. Más adelante, con la invención del consolador, los médicos podían realizar el trabajo sin ningún esfuerzo por parte de ellos y conseguir que la mujer lograra el orgasmo. El placer no tenía lugar en este entorno medicalizado. Incluso como muestra la película *Hysteria* (2011), el médico encargado de llevar a cabo la tarea de dar placer acababa lesionado y fastidiado por el exceso de trabajo en su consulta, llena de mujeres insatisfechas. Se estaba medicalizando y problematizando el deseo sexual de la mujer, que, según los cánones sociales establecidos en ese momento, era algo inexistente o patológico.

El dolor

> En la lucha, aún en curso, entre lo que es y lo que muchas sociedades postagrícolas insisten en que debe ser, las mujeres que se han atrevido a abjurar del credo de la hembra reticente siguen siendo despreciadas, insultadas, repudiadas, separadas de sus hijos, desterradas, quemadas por brujas, patologizadas como histéricas, enterradas hasta el cuello en la arena del desierto y lapidadas hasta la muerte. Ellas y su descendencia —esos hijos e hijas de puta— siguen siendo sacrificados en el altar de los controvertidos dioses de la ignorancia, la vergüenza y el miedo.
>
> Christopher Ryan y Cacilda Jethá[81]

> Aunque parezca anticuado hoy a la mayoría, Friedrich Engels argumentaba que el rol de la mujer en la familia era el arquetipo de la opresión. ¿Cómo? En el matrimonio, las mujeres eran consideradas propiedad de los maridos. Ambas existencias de las mujeres y el sentido de sí mismas o su identidad eran definidas por su relación con «el otro».
>
> Elisabeth Debold[82]

No tenía previsto escribir un capítulo sobre el dolor en este libro, ya que quería hablar y resaltar la parte más potente de la mujer: su capacidad para empoderarse. De repente, en el transcurso del proceso de escritura, empecé a encontrar referencias

---

[81] Ryan y Jethá, *op. cit.*, p. 306.

[82] Debold, Elizabeth. «Is It Women's Time, or Time to Be Human?». *The Huffington Post*, 20 de junio de 2013. <http://www.huffingtonpost.com/elizabeth-debold/is-it-womens-time-or-time_b_3454736.html>. *(Trad. de la A.)*.

y textos que hablaban de abusos sobre la mujer que me estremecían y me ponían triste. Me di cuenta de que yo estaba lejos de esos siglos de opresión femenina porque había nacido en una familia con igualdad y respeto hacia lo femenino. Me había independizado muy joven, cuando me fui a vivir con unos amigos, y en mis trabajos nunca sentí la discriminación por ser mujer, salvo en algunas ocasiones que me resultaron impactantes. Creí que estaba fuera del sistema patriarcal y que este no me había influido, o al menos no demasiado. Sin embargo, en la historia de represión sobre la mujer hay hechos de inmensa dureza:

> [...] al igual que la guerra, el patriarcado parece haber emergido por primera vez en la historia más o menos en el año 4000 a. C. A partir de ese momento, en amplias zonas del mundo, la condición social de las mujeres apenas sobrepasaba la de los esclavos [...]. Era habitual que las mujeres no pudiesen tener propiedades ni heredar tierras ni riquezas, siendo también muy frecuente que ellas mismas fuesen tratadas como meras propiedades. En algunos países, las mujeres podían ser confiscadas por los recaudadores de impuestos o los prestamistas para saldar deudas contraídas por el esposo (una práctica muy común, por ejemplo, en Japón a partir del siglo VII), mientras que, en la antigua Asiria, el castigo por violación consistía en que el violador debía entregar su propia mujer al marido de la víctima, para que este hiciera con aquella lo que quisiese. Pero lo más espantoso de todo es que ciertas culturas también practicaban lo que los antropólogos denominan el asesinato —o el suicidio— ritual de la viuda, en el que las mujeres eran sacrificadas (o se quitaban la vida ellas mismas) tras el fallecimiento de su marido. Esta costumbre era muy común en India y China hasta el siglo XX.[83]

---

[83] Taylor, *op. cit.*, p. 34.

El dolor de generaciones de mujeres que han tenido que adaptarse a un modelo que preconiza la sumisión, la pasividad y el silencio como formas de estar en el mundo es muy profundo. El dolor de tener que ser dependientes y subordinadas a las directrices de los hombres. El dolor de no poder expresar su deseo y su rabia, a riesgo de ser excluidas y de ser asesinadas. El infanticidio femenino es aún una practica frecuente que demuestra que en muchas sociedades la vida del varón vale mucho más que la de una hembra. En la India, los abortos de fetos femeninos han desequilibrado la proporción natural de hombres y mujeres en algunas zonas del país. Esos abortos, el infanticidio y el abandono de las niñas también se dan en China.

En el quinto lugar de los países más peligroso del mundo para la mujer se sitúa Somalia, donde se practica la ablación del clítoris al 95 % de las niñas de entre 4 y 11 años, lo que condiciona su salud y su vida sexual durante toda su existencia. En la India, el cuarto país en este deplorable escalafón, los supuestos accidentes de cocina —en los que mueren entre 6.000 y 8.000 mujeres cada años— son en realidad asesinatos a manos de maridos o suegros insatisfechos con la dote aportada por la esposa. En Pakistán, que ocupa el tercer puesto, se calcula que los llamados crímenes de honor matan a mil mujeres al año, y abundan los ataques con ácido a chicas reacias a casarse, siguen vigentes los matrimonios precoces y los castigos como la lapidación. En primer y segundo lugar figuran Afganistán —donde las mujeres sufren todo tipo de abusos e imposiciones por el mero hecho de serlo— y la República Democrática del Congo. En un mundo donde, según las estadísticas más recientes, siete de cada diez mujeres sufren violencia física y/o sexual en algún momento de su vida y hay zonas en que las agresiones presentan rasgos particularmente atroces, y se producen con espantosa impunidad, los expertos de la ONU definen al Congo como la «capital mundial de las violaciones».

En España, un total de 32.242 mujeres fueron identificadas como víctimas de violencia de género en 2011 e inscritas en el Registro Central que el Ministerio de Justicia tiene para estos fines, una base de datos en la que, además, figuraban 7.744 víctimas de violencia doméstica según los datos del Instituto Nacional de Estadística (INE). Las comunidades autónomas con mayor número de víctimas de violencia de género en ese período fueron Andalucía (7.780), Comunidad Valenciana (4.438), Madrid (4.095) y Cataluña (3.552). En términos relativos, Andalucía (214,3 casos por cada 100.000 mujeres mayores de 14 años), Región de Murcia (211,1) y Comunidad Valenciana (199,3) presentaron las tasas más altas, mientras que País Vasco (67,4) y Galicia (105,3) obtuvieron las más bajas.

Al igual que yo me sentía fuera de la ideología patriarcal como si esta no fuera conmigo, podríamos pensar que los datos anteriores están alejados de nosotras y que simplemente ocurren en otros lugares, sintiéndonos por encima de estas culturas y sociedades. La realidad es más compleja. Las mujeres somos la mitad de la humanidad y, reitero, el sistema patriarcal impone una autorrepresión a la cual no somos ajenos por mucho que nos consideremos educados en una sociedad occidental supuestamente más evolucionada. Hemos aceptado como natural el dolor impuesto por la sociedad patriarcal, que se añade al dolor que ya a menudo la vida trae con ella.

La mujer actual siente dolor por no poder mostrarse tal y como es, entera, con todos sus aspectos sexuales y agresivos. Estaba leyendo el libro de Despentes cuando encontré la cita de un hombre que le decía a una mujer que la dejaba por no estar presente todo el tiempo en su vida. Los hombres esperan que la mujer esté pendiente de ellos en todo momento, de modo que ella no contempla la posibilidad de no estar en función del otro. El miedo está siempre presente en ella: el miedo al abandono, el miedo a la excusión, el miedo a comportarse tal y como siente, el miedo a pensar simplemente en sí misma.

A este dolor se añade el que describe esta mujer. Detalla cómo la sexualidad no ha podido desligarse del dolor que acompaña su fruto habitual, los hijos. En el parto nos confrontamos directamente con la vida y la muerte:

> La sexualidad de la mujer son los hijos. Te casas con ganas de formar una pareja que te independice de tu familia y también porque estás enamorada de tu pareja. Yo deseaba casarme, tener hijos y vivir con mi pareja. Ninguna información teórica, más que mi deseo. Vas a ciegas y llegan las dificultades sin que nadie antes te haya aleccionado un poco para superarlas... En mi caso la sexualidad, al menos al principio de mi matrimonio, nunca pudo desvincularse de los hijos. Vengo de una familia muy prolífica. Tuve un hijo y después otro y otro... Tienes dificultades para atenderlos, sueño, cansancio y problemas de salud por la cercanía del nacimiento de un hijo al otro. Sufres abortos, tomas pastillas y además de tomar pastillas que cambian el deseo y que influyen de forma negativa en tu sexualidad, te quedas embarazada a pesar de las precauciones. Por si fuera poco te dicen que en la menopausia muchas mujeres se quedan embarazadas sin esperarlo. Tienes miedo a que te suceda lo mismo. Así que como mujer sientes dolor por los hijos perdidos, por los abortos, por los partos, por el esfuerzo que supone cuidar a los hijos y no siempre poder hacerlo de la forma más adecuada. Todo ello puede traer mucho dolor.

IV.
LA IDEOLOGÍA PATRIARCAL

Una de las voces que más ha denunciado las consecuencias del patriarcado en nuestra sociedad ha sido la de Claudio Naranjo, psiquiatra y doctor en Educación, que detalla cómo esta ideología y educación basada en la dominación masculina es un virus que nos afecta y contamina a todos sin siquiera ser conscientes de ello.[84] Todos estamos inmersos en esta mentalidad: los hombres, las mujeres y los niños, pertenezcan al estrato social que sea o incluso procedentes de diferentes culturas. La mentalidad patriarcal se ha extendido en todo el mundo. Se caracteriza por su pasión por la autoridad, el ego, el ego patrístico, la violencia, la desmesura, la voracidad, la conciencia insular y egoísta, la insensibilidad y la pérdida de contacto con una identidad más profunda. Por si fuera poco, esta mentalidad ha conseguido convencernos de que forma parte de nuestra naturaleza, que las cosas son así y que la humanidad siempre ha funcionado de este modo. Sin embargo, en las sociedades anteriores al patriarcado las relaciones se basaban en la cooperación, en la ayuda mutua, en lugar de en la competitividad. El «cerebro patriarcal» nos ha llevado a despreciar la emoción y lo instintivo dando voz únicamente a la razón. Estamos ante un sistema inflexible que actúa y domina sin compasión. Como señala Naranjo, es una mente rígida, aislada, autoritaria y nor-

---

[84] Naranjo, Claudio. *La agonía del patriarcado*. Barcelona: Kairós, 1993. Esta sección resume, en buena medida, sus propuestas y conclusiones.

mativa que busca resultados y ganancias a corto plazo, pero solo desde una perspectiva competitiva, materialista y consumista, dejando de lado el bienestar profundo, el desarrollo personal o la convivencia con el medio. Si las emociones están prohibidas, concluye, lo instintivo aún lo está más.

La neurosis, la enfermedad que caracteriza a nuestras sociedades occidentales, constituye sobre todo un síntoma de esta desconexión que el ser humano mantiene con lo natural e instintivo. Hemos creado un estilo de vida desequilibrado que nos aleja del autoconocimiento. Somos el resultado de una cultura desapegada de los sentimientos, adicta al poder y al perfeccionismo. Nuestras relaciones también son reflejo de esta ideología:

> La mente patriarcal se manifiesta en relaciones de poder, de dominio-sumisión y de paternalismo-dependencia, que interfieren en la capacidad de establecer otro tipo de vínculos más solidarios y fraternales. Como si los primeros se debiesen a la «naturaleza» humana y los otros fuesen producto de una mayor civilización; cuando en realidad son una manera de conformarse colectivamente y ambas se sitúan en el origen de las sociedades humanas. Las dinámicas de cooperación se encuentran en la filogénesis de la especie.[85]

Naranjo hace referencia a la necesidad de recuperar el cerebro instintivo con el ánimo de equilibrar los tres cerebros que nos conforman. Desde los trabajos del médico y neurocientífico Paul MacLean (1913-2007) se acepta que nuestro cerebro está formado por tres unidades que funcionan como un único sistema. La primera unidad, o cerebro reptiliano, corresponde a la parte más instintiva, que compartimos con los reptiles, se

---

[85] Ídem.

IV. LA IDEOLOGÍA PATRIARCAL

sitúa en el tallo cerebral y regula la supervivencia (respiración, ritmo cardíaco, sueño, hambre...); de ella parten nuestras reacciones más instintivas, impulsivas y primarias. La segunda unidad cerebral es la que el hombre comparte con los mamíferos y corresponde al sistema límbico, conocido como cerebro emocional. Finalmente está el cerebro neomamífero o racional, el último desarrollado, que es un privilegio exclusivo de los humanos y nos permite el control emocional e instintivo; es el que nos lleva también a observarnos a nosotros mismos.

Estamos totalmente de acuerdo con esta afirmación de Naranjo que nos lleva, entre otras conclusiones, a negar nuestros instintos básicos como la agresividad y la sexualidad, lo cual es aún más claro en las mujeres:

> Es como si en nuestro interior lleváramos a tres personas: una de tipo intelectual-normativo que sería el padre; una persona emocional que representa el principio del amor, que es la madre, y una instintiva, que sería el niño. Pues bien, en la sociedad actual, lo que denominamos civilización, predomina el cerebro racional y tiene lugar el imperialismo de la razón sobre lo emocional y lo instintivo.[86]

Por otro lado, esta es la causa de distintas patologías. Taylor, en su libro *La Caída*, hace un retrato muy particular de esta trinomía que sería un buen resumen de lo anterior:

> Hay tres rasgos principales del patriarcado: el primero de esos rasgos es la guerra, el segundo es el patriarcado o la dominación masculina y el tercero es la desigualdad social[87].

---

[86] Ídem.
[87] Taylor, *op. cit.*, p. 32.

Naranjo añade que, además, existe en nosotros una cuarta instancia, la espiritual, que él considera la síntesis de las tres anteriores.

La sociedad del cansancio

Cada época y cada civilización se caracterizan por una enfermedad, y en este siglo XXI son las afecciones neuronales como la depresión, el trastorno por déficit de atención con hiperactividad (TDAH), el trastorno límite de personalidad (TLP) o el síndrome de desgaste ocupacional (SDO) las que llaman la atención por su importante incidencia. Para el filósofo Byung-Chul Han, estos trastornos surgen de nuestro exceso de positividad, que esconde una enorme violencia contra el individuo enraizada dentro de la misma persona por el sistema y que nos lleva a la sociedad del cansancio. Estamos en una época en la que se hace un culto extremo a la capacidad de rendir, cada uno de nosotros solo cuenta en función de su resultado. Ya no somos sujetos de obediencia, sino de rendimiento, emprendedores en sí mismos porque se nos ha convencido de que si queremos, podemos, que somos capaces de todo y que todo depende de nosotros.

El sujeto de rendimiento resulta mucho más efectivo, rápido y productivo que el de obediencia «porque ya ha pasado por la fase disciplinaria y no se produce ninguna ruptura entre el deber y el poder, sino una continuidad», afirma Han.[88] En este contexto en que todo es posible y todo depende exclusivamente del poder y la voluntad del individuo, el fracasado no tiene un espacio. Surge el deprimido resultado del esfuerzo que supone estar sujeto de manera permanente a la presión de devenir uno mismo. El sociólogo e investigador francés Alain Ehrenberg considera la depresión como la expresión patológica del fracaso

---

[88] Han, Byung-Chul. *La sociedad del cansancio*. Barcelona: Herder, 2012, p. 28.

del hombre tardomoderno de devenir él mismo, pero también como la manifestación de una carencia de vínculos propia de la fragmentación y atomización sociales que conduce a la depresión derivada del aislamiento.[89]

Según Han, cuando la época bacterial ha tocado a su fin gracias a la aparición de los antibióticos, estas enfermedades neuronales constituyen la respuesta a la presión por rendir. El hombre moderno se explota a sí mismo de manera voluntaria y sin necesidad de coacción externa convirtiéndose en víctima y verdugo al mismo tiempo. Estamos dentro del paradigma en el que nada es imposible y el «no-poder-poder-más» conduce a un destructivo reproche de sí mismo y a la autoagresión.[90]

En este exceso de positividad y de actividad aparece la depresión acompañada de una falta de atención profunda porque no es posible la relajación, hay demasiados frentes que atender. Y sin la posibilidad de relajación se pierde el don de la escucha. La comunidad está compuesta por miembros autistas siempre activos que no pueden desarrollar la capacidad de atender de una forma profunda y contemplativa como resultado de su hiperactividad constante.

En este contexto olvidamos que solo tolerando el aburrimiento y el vacío seremos capaces de crear algo nuevo. Ocupados siempre en perseguir un objetivo, descuidamos que el placer de hacer sin más, de vivir fluyendo sin esperar nada a cambio. Por ejemplo, nos olvidamos de bailar, un movimiento que se sustrae completamente al principio del rendimiento. Sabemos tener y hacer, pero no sabemos simplemente ser. Decía el filósofo alemán Friedrich Nietzsche (1844-1900):

---

[89] Ehrenberg, Alain. *La fatiga de ser uno mismo: depresión y sociedad*. Buenos Aires: Nueva Visión, 2000.
[90] Han, *op. cit.*, p. 39.

Por falta de sosiego, nuestra civilización desemboca en una nueva barbarie. En ninguna época, se han cotizado más los activos, es decir, los desasosegados. Cuéntase, por tanto, entre las correcciones necesarias que deben hacérsele al carácter de la humanidad el fortalecimiento en amplia medida del elemento contemplativo.[91]

Es la acción lo que adquiere una dimensión religiosa en nuestra sociedad actual. Los milagros son originados por ella. En palabras de Han, estamos ante el *animal laborans*, hiperactivo e hiperneurótico.

Todas las actividades humanas se han reducido al ámbito del trabajo porque más allá nada es constante ni duradero y, ante esta falta de ser, surgen el nerviosismo y la intranquilidad. El yo está aislado. Somos como muertos vivientes que carecen de alma. El ritmo acelerado en el que estamos sumergidos nos desvincula de nuestra esencia y está directamente ligado a la falta de ser. La sociedad de trabajo y rendimiento no es libre porque produce nuevas obligaciones. Y, sin embargo, hay que tener presente las palabras de Catón citadas por Han:

> Nos olvidamos de que nunca está nadie más activo cuando no hace nada, nunca está menos solo que cuando está consigo mismo.[92]

También en este aceleramiento en el que no cabe el placer sosegado se hace imposible la expresión de la rabia que tiene la facultad de interrumpir un estado y posibilitar que comience otro nuevo. La creciente positivización del mundo hace que esta sociedad se vuelva pobre en estados de excepción, se mitigan los sentimientos como el miedo o la tristeza que son tilda-

---

[91] Nietzsche, Friedrich. *Humano, demasiado humano*. Madrid: Akal, 2007, p. 180.
[92] Han, *op. cit.*

dos como negatividad. La sociedad se transforma en una máquina de rendimiento autista. La depresión es la manifestación de la lucha del alma por manifestarse cuando no puede hacerlo y no cesan los reproches internos a uno mismo ni se puede detener la autoagresión.

Esta sociedad del cansancio también se está convirtiendo en la del dopaje para rendir más y mejor: la cocaína que nos hace invencibles al cansancio y a la debilidad es la droga de la época, así como los antidepresivos nos permiten evitar el dolor y seguir activos, sin detenernos a llorar. El cuerpo se define como una máquina de rendimiento, no como un templo de sensaciones ni una caja de resonancia que nos permite percibir, sentir, contemplar y disfrutar del mundo.

Abusos y violaciones en la sociedad patriarcal

Cuando en el patriarcado la mujer pierde su libertad y esta se considera, más que un ser independiente, una propiedad del hombre, la violación sirve para someterla, es la manera de dominarla. Este acto la mancilla y entonces la mujer ya no solo deja de ser un bien útil para el intercambio, sino que ya no puede pertenecer tampoco a ningún hombre en exclusiva. En esta sociedad patriarcal la mujer violada deja de tener valor. No es de extrañar que las mujeres lo nieguen y lo escondan, que no lo cuenten por miedo a las represalias contra ellas mismas.

La violación de la mujer también se erige en una estrategia de guerra, en una manera de debilitar, de dañar, en una forma de venganza de unos hombres hacia otros hombres, y así los que violan tienen el poder sobre estos y, desde luego, sobre sus mujeres. La violación no empezó a ser penada en Estados Unidos, así como en otros países capitalistas, hasta que se vio la necesidad de proteger a los hombres más ricos de las agresiones que podían sufrir sus mujeres o hijas. De hecho, las condenas se aplican sobre todo contra los hombres más pobres o de raza negra, mientras que el número de hombres blancos y de clase alta condenados por violar a mujeres de clase trabajadora es muy reducido.[93] En este contexto, una mujer negra y de clase social baja es la más vulnerable para ser agredida. La violación es una expresión de poder y de dominación del hombre sobre la mujer, que —como cuenta Despentes— después de vivirla queda «contaminada» y no puede deshacerse de ella:

> La herida de una guerra que se libra en silencio y en la oscuridad. Te sientes inútil, herida de muerte porque dejas de tener valor. Tienes que renunciar para sobrevivir a la necesidad de pureza que se impone a la mujer en la sociedad patriarcal, parece como si una mujer que supera este episodio solo puede ser una puta y sería más lícito haberse dejado matar que seguir viva en estas condiciones de impureza. La sociedad patriarcal te insta a guardar este secreto en lo más recóndito de tu interior porque los hombres que te amen no podrán resistir el hecho de saber que otro hombre te poseyó.[94]

Además, en muchos casos, el sistema de creencias patriarcal que considera a las mujeres responsables de despertar el instinto en el hombre y de sacarlo de su racionalidad, lleva a la violada a sentirse culpable de haber provocado la agresión, de haberla consentido, de no haberse defendido suficientemente.

No tenemos en cuenta aquí que llevamos encima siglos y siglos de historia en los que se ha enseñado a la mujer a someterse sin defenderse, a bajar la cabeza sin rechistar para así poder asegurar su supervivencia como manera de control y de dominio por parte del hombre. Se nos inculca la idea de que

---

[93] Davis, Angela. *Mujeres, clase y raza*. Madrid: Akal, 2004, cit. en Despentes, *op. cit.*
[94] Despentes, *op. cit.*

IV. La ideología patriarcal

ante una violación se tiene que sufrir y no se puede hacer nada más, porque defenderse sería una forma de agresión al hombre, algo prohibido. Sin embargo, se pide que la mujer se resista o, si no, que se deje matar. Este testimonio explica algunos de los sentimientos que pueden acompañar una violación:

> Estábamos en una fiesta con unas amigas y un grupo de chicos, después de haber bebido, nos llevó a un descampado. Allí uno de ellos sacó un cuchillo que me puso en el cuello. Me tiró al suelo y me violó. Solo pensaba: «Yo quiero vivir». Cuando volví a casa, no se lo conté a nadie. Además, mi amiga negó lo sucedido. Cuando le pregunté: «¿Qué hacemos?». Ella me dijo: «Nada. No ha pasado nada». Así que nunca más hablamos del tema. Pero tampoco nunca más fui la misma. Pasé la adolescencia siempre de mal humor, rebelándome contra todo y contra todos. Pero no lo conté nunca hasta muchos años después. Para salir adelante, me he aferrado mucho a la sensación que tuve en ese momento en que creí que me iban a matar y que inundaba todo mi ser. Lo tenía claro: «Yo quiero vivir».

Despentes realiza también una emotiva descripción de la agresión que ella vivió:

> Durante la violación, llevaba en el bolsillo de mi cazadora Teddy roja una navaja [...]. Una navaja que yo sacaba con bastante facilidad en esa época globalmente confusa. Me había acostumbrado a ella; a mi manera, había aprendido a usarla. Esa noche, la navaja se quedó escondida en mi bolsillo. Y la única idea que me vino a la cabeza fue: sobre todo que no la encuentren, que no decidan jugar con ella. Ni siquiera pensé en utilizarla. Desde el momento en que comprendí lo que estaba ocurriendo me convencí de que ellos eran más fuertes. Una cuestión mental. Luego me he dado

cuenta de que mi reacción habría sido diferente si hubieran intentado robarme la cazadora. Yo no era temeraria, pero sí bastante inconsciente. En ese momento preciso me sentí mujer, suciamente mujer, como nunca me había sentido antes. Y como nunca he vuelto a sentirme después. No podía hacer daño a un hombre para salvar mi pellejo. [...] Era el proyecto mismo de la violación lo que hacía de mí una mujer, alguien especialmente vulnerable. [...] Estoy furiosa contra una sociedad que me ha educado sin enseñarme nunca a golpear a un hombre si me abre las piernas a la fuerza, mientras que esa misma sociedad me ha inculcado la idea de que la violación es un crimen horrible del que no debería reponerme. Al final uno de ellos encontró la navaja y se la enseñó a los otros, sinceramente sorprendió que yo no la hubiera sacado. «O sea que les ha gustado».[95]

Más que la herida en sí derivada de la violación —sin ánimo de despreciarla ni de quitarle importancia— lo que importa es todo aquello, derivado de las creencias patriarcales, que añadimos a este acto. Tal y como describe Despentes, existe todo un sistema ideológico que hace que la mujer no se atreva a defenderse ni a cuestionarse el poder del hombre sobre ella, tanto física como psíquicamente, un sistema que nos hace creer que las mujeres somos muy débiles y vulnerables cuando realmente está solo al servicio de protegerlos a ellos. Es un sistema tan perfeccionado e interiorizado que nos lleva incluso a no plantar cara ni a resistirnos. Muy fácilmente caemos presas de una especie de síndrome de Estocolmo que nos lleva a defender más al agresor que a nosotras mismas, que nos lleva a hacernos responsables de los actos del otro y a culparnos de lo sucedido.

Cabe preguntarse cómo se viviría una violación sin tanta carga patriarcal. ¿Podría experimentarse solo como un acto de

---

[95] Ídem.

IV. LA IDEOLOGÍA PATRIARCAL

agresión física que se puede superar con más facilidad cuando desaparece el dolor? Despentes, después de haber sido violada, encontró un texto que propone que la mujer víctima de esta vejación debe levantarse y seguir adelante, dado que cuando una mujer no sigue las reglas propias del patriarcado y desafía el sistema se expone a esta consecuencia. Para ella es importante mantener esta actitud de levantarse y seguir como si no hubiera ocurrido nada porque, en una cultura patriarcal, la violación es un acto esperable y previsible. La cuestión es: ¿seguiría existiendo la violación en una sociedad que se rigiera por otra ideología que respetase a la mujer y en la que no hubiera relaciones de poder?

Otros testimonios de mujeres forzadas desvelan que algunas de ellas descubrieron el placer de la sexualidad a través de la violación. Puede ser un caso aislado. Sin embargo, una víctima de abusos se atrevió a confesar que no era necesario preocuparse por ella, pues su agresor era más guapo que su marido y, además, «se lo montó mejor».

Los hombres no se sienten tan fácilmente violados o abusados cuando una mujer los aborda sexualmente. El poeta chileno Pablo Neruda realiza este precioso relato de lo vivido en su adolescencia con una mujer mientras dormía en una era después de una jornada de trabajo en un campo de trigo. Él estaba desnudo, envuelto en su poncho, durmiendo en una montaña de paja y quedaba lejos de los otros hombres que habían trillado junto a él:

> Desperté de pronto porque algo se aproximaba a mí. Un cuerpo desconocido se movía debajo de la paja y se acercaba al mío. Tuve miedo. Ese algo se arrimaba lentamente. Sentía quebrarse las briznas de paja, aplastadas por la forma desconocida que avanzaba. Todo mi cuerpo estaba alerta, esperando. Tal vez debía levantarme o gritar. Me quedé inmóvil. Oí una respiración muy cerca de mi cabeza.

De pronto avanzó una mano sobre mí, una mano grande, trabajadora, pero una mano de mujer. Me recorrió la frente, los ojos, todo el rostro con dulzura. Luego una boca ávida se pegó a la mía y sentí, a lo largo de todo mi cuerpo, hasta mis pies, un cuerpo de mujer que se apretaba conmigo.
Poco a poco mi temor se cambió en placer intenso. Mi mano recorrió una cabellera con trenzas, una frente lisa, unos ojos de párpados cerrados, suaves como amapolas. Mi mano siguió buscando y toqué dos senos grandes y firmes, unas anchas y redondas nalgas, unas piernas que me entrelazaban, y hundí los dedos en un pubis como musgo de las montañas. Ni una palabra salió de aquella boca anónima.
Cuán difícil es hacer el amor sin causar ruido en una montaña de paja, perforada por siete u ocho hombres más, hombres dormidos que por nada del mundo deben ser despertados. Mas lo cierto es que todo puede hacerse aunque cueste infinito cuidado. Algo más tarde, también la desconocida se quedó bruscamente dormida junto a mí y yo, afiebrado por esa situación, comencé a aterrorizarme. Pronto amanecería, pensaba, y los primeros trabajadores encontrarían a la mujer desnuda en la era, tendida junto a mí. Pero yo me quedé dormido. Al despertar extendí la mano sobresaltado y solo encontré un hueco tibio, su tibia ausencia.[96]

¿Cuándo las creencias nos llevan a tildar de violación lo que puede ser arrobamiento y al revés? ¿Cuáles son las creencias que hacen que alguien, ante un acercamiento sexual, se sienta como víctima o bien como un amante seducido? Seguramente la manera como se produce el acercamiento es muy importante, así como también lo es la intención de quien se acerca. Si hay afecto y deseo sexual, se hace más fácil el acceder y poder convertirse en amante. Si, en cambio, el acercamiento es hecho

---

[96] Neruda, Pablo. *Confieso que he vivido*. Barcelona: Seix Barral, 2002.

IV. La ideología patriarcal

desde la violencia y la agresión, es mucho más difícil la aceptación del mismo, dado que hay dolor. Mi afirmación es que las mujeres pueden convertirse en amantes ante el acercamiento sexual de un hombre, si este les gusta y sienten que en este deseo de penetración no hay además un acto de sometimiento ni de humillación, sino simplemente una sexualidad instintiva, con poder y potencia. En este acto de poder no existe entonces el ánimo de someter, ni de controlar, ni de poseer al otro. Para un acto semejante es importante que las creencias de la mujer le permitan abrirse a su instinto y a su potencial como algo creativo y deseable, una idea opuesta a todo lo que el patriarcado nos ha enseñado. Hay que evadirse de la ideología patriarcal en todas sus dimensiones y ser capaz de abrirse tanto al otro como al propio instinto.

Este cambio interior pasa por escapar del papel de víctima y abrirse a la nueva vida que fluye a través de la mujer para transformarse en otra que se siente amada en lugar de violada. Pasa porque el acercamiento sexual del hombre se haga desde un afán de compartir el placer y no desde la competencia, de la cual resulta un dominador y un vencido, un ganador y un perdedor. Se trata de perder el miedo a lo desconocido y encontrar el coraje de dejar de controlar renunciando a la seguridad de las creencias rígidas propias del patriarcado. Es el paso necesario para dejar de ser víctimas y convertirse en mujeres amadas. Cuando nos abrimos de forma amorosa al instinto y al inconsciente, a todo aquello que es más grande que nosotros, en lugar de vivirlo como algo que nos domina, entonces podemos pasar de la violación al arrobamiento. Es un acto de rendición de nuestro ego que implica que este es lo suficientemente fuerte para resistir ante la nueva energía que lo sacude. Esta capacidad de nuestro ego solo es posible si está asentado en sus raíces biológicas y es capaz de aceptar su propia identidad ideológica y espiritual.

Por eso Neruda pudo abrirse a la experiencia, porque tenía un ego fuerte que le permitía rendirse y continuar con la experiencia y vivirla. En cambio, las mujeres no tenemos tan fácil el acceso a ese ego fuerte, dado que hemos vivido muchos años de desvalorización y hemos crecido bajo ideas que nos han hecho creer que el sexo es algo malo que no debemos practicar. En esta misma línea, la mujer teme también el embarazo, el ser desvalorizada si no tiene un hombre al lado; todo es más complicado para ella que para el hombre en este contexto. Esto no impide que se pueda abrir a la experiencia después de realizar un trabajo sobre sí misma, que puede llevarla a construir esa conexión consigo de modo que pueda sentir el placer en su cuerpo y soltar el miedo. Para conseguir este cambio en el que la mujer pasa de ser víctima a amante, es necesario un trabajo corporal que libere toda la resistencia física que el miedo ha contenido hasta entonces y, además, permita flexibilizar la rigidez de las ideas a través de la expresión corporal. Ofrece la posibilidad de acoger el dolor provocado por la resistencia y disolverlo a través de una actitud amorosa hacia él. Estoy plenamente de acuerdo con estas propuestas de transformación, apuntadas por Marion Woodman,[97] sobre todo porque he visto muchos casos en los que así ha sido.

La regla

Otra de las consecuencias del patriarcado en nuestra cultura es la ocultación y desvalorización del ciclo menstrual y especialmente de la regla. Se nos enseña que debemos aceptar los efectos físicos y psicológicos del ciclo menstrual con pasividad y resignación, sin llamar la atención ya que forma parte de lo que significa ser mujer.[98]

---

[97] Woodman, *Los frutos de la virginidad*, op. cit.
[98] Gray, Miranda. *Luna roja: los dones del ciclo menstrual*. Móstoles: Gaia, 2009.

IV. LA IDEOLOGÍA PATRIARCAL

Además, se nos pide que lo llevemos en silencio y sin expresar demasiado lo que nos ocurre, ya que de lo contrario se considera que estamos exagerando o somos débiles. Esta falta de libertad de expresión convierte estos cambios en un fenómeno oculto y tabú. Solo se habla de ello desde un punto de vista médico, con la consiguiente medicalización destinada a combatir los síntomas, cuando en realidad se trata de la manifestación de un proceso natural.

En la Antigüedad existían mitos, cuentos y tradiciones que hacían referencia al ciclo o intentaban explicarlo, pero no nos han llegado y, por tanto, carecemos de un marco de referencia sobre el mismo. En ellos se podía reconocer que la menstruación producía una especie de estado alterado de consciencia del que se podía derivar cierto conocimiento o saber.

A raíz de ese saber-poder derivado del ciclo menstrual de la mujer, los hombres de las primeras sociedades patriarcales empezaron a contemplar este fenómeno como una amenaza y algo propio de las antiguas culturas matrifocales que existieron antes del triunfo del patriarcado. La menstruación pasó de ser algo sagrado a considerarse una fuente de destrucción, algo sucio, perverso y peligroso para los bienes de los hombres. Esos tabúes llevaban a las mujeres a tener que respetar la prohibición de comer determinados alimentos o al confinamiento de las mismas para que no contaminaran, cuando entrasen en contacto con ellos, al resto de la comunidad. Aunque el confinamiento no tenía una connotación negativa en un principio, sino que era un modo de poder estar en contacto con ellas mismas.[99]

Existen en muchas culturas tabúes sobre la regla y la impureza de la mujer en ese momento del ciclo, una impureza también achacada a la mujer en religiones actuales. Están vigentes seguramente en la mayoría de culturas post caída (como co-

---
[99] Ídem.

mentábamos en otros apartado del libro) como por ejemplo la judeocristiana, la islámica entre otras. A estos tabúes se suma en nuestra cultura la medicalización de la regla hasta incluso conseguir hacerla desaparecer jactándose muchos ginecólogos de ello. Existen tratamientos mediante hormonas que hacen que las jóvenes no tengan la regla, ya que se justifica que provoca muchos desarreglos en las mismas.

El ciclo menstrual es una de las cualidades femeninas que más nos ata a la naturaleza, dado que es cíclico como la misma. La idea que las mujeres pueden ser variables con el ciclo y no estables, no cuadra con la perfección. Los estados de ánimo cambiantes son algo a controlar y a erradicar. Y no digamos el momento de la regla en que la mujer se convierte en menos precisa, más contemplativa y espiritual y necesita estar más retirada de la acción y por tanto ya no puede ser productiva. En nuestra sociedad patriarcal la mujer da la espalda al ciclo y a la regla y actúa como si no la tuviera sin cambiar su actitud activa, exigente y perfeccionista propia de la sociedad del cansancio.

La exigencia de esta sociedad sobre la mujer —así como sobre todo sus miembros incluidos los niños— para que alcance sus objetivos lleva a esta al estrés ocasionando que el útero y el cuerpo reaccionen a ese estado mental. Las formas de manifestación de este estrés pueden ser diversas: un retraso en el sangrado, aumento del dolor y el malestar, alteraciones en el flujo...

Si no se aceptan los cambios hormonales que produce el ciclo, se corta una y otra vez la expresión de estas energías y se ignoran las necesidades del organismo; se llegará a producir una angustia que a la vez aumenta el estrés y la tensión. Se generará un círculo vicioso de malestar donde la relación y la aceptación serán la salida. Solo admitiendo este estado y dejándose estar en él, un estado de contemplación opuesto al de la acción continuada y exigente que impone nuestro estilo de vida actual, podremos recuperar el equilibrio.

Recuperar el deseo

Uno de los principales trastornos en la actualidad es la falta de deseo sexual. Parece que la primavera no es la estación que despierta más la pasión. Según distintos estudios, al menos en el hemisferio norte del planeta, aumenta más en diciembre y a principios del verano. En Estados Unidos, por ejemplo, hay un incremento de los nacimientos a finales de los meses estivales, de lo que se deduce que crecieron los apareamientos en diciembre. También hay más abortos a principios de año... Se da un segundo incremento hacia junio, un mes en el que la venta de preservativos aumenta al igual que ocurre en Navidad. También se registran en estas fechas más diagnósticos de enfermedades venéreas. Además, un curioso estudio sobre los hábitos sexuales llevado a cabo en Internet —mediante el registro de las consultas realizadas en Google, durante cinco años, sobre material pornográfico, prostitución y búsqueda de pareja— ha comprobado que se buscaban más palabras relacionadas con la sexualidad a principios del verano y en Navidad.

La mujer tiene más problemas para reconocer su deseo sexual a causa de los fuertes introyectos que lo bloquean. Cuando una niña se toca los genitales, ¿qué se le dice? Es frecuente que se la reprima con un «¡No te toques!» y se le transmite el mensaje: «Esto es peligroso. ¡Cuidado!». Y la relación que nuestras madres y abuelas han tenido con su sexualidad es la que nosotros vamos a reproducir... Si la relación de la progenitora con ella no ha sido buena, es fácil que la hija tampoco lo consiga, o bien que esta última tenga que esforzarse más para conseguir una mejor expresión de la misma. Muchas mujeres aún viven entre dos aguas: el paradigma de una sociedad que le dice que «debe» (una nueva obligación) estar liberada ante el sexo y que, al mismo tiempo, no le permite ciertas cosas porque «a saber qué pensarán de mí». No siempre la mujer se atreve a dar el primer paso en una relación y aún se «corta» esperando que sea el hombre quien lleve las riendas. Introducir nuevas posturas y juegos en la cama sigue siendo el gran reto.

Una mujer treintañera comenta, no sin cierto alivio:

> Diría que nunca aprendí tanto de sexo como en la última reunión de *tuppersex* que organicé con mis amigas. Me tranquilizó porque siempre había pensado que era un poco tonta en este tema y me di cuenta de que todas —o casi— teníamos los mismos problemas a la hora de mantener relaciones sexuales. Por ejemplo, a menudo sentimos menos deseo que ellos y vamos igual a la cama, a veces no te corres y te pones de los nervios porque no sabes qué hacer ni cómo escapar de allí, no eres capaz de decir lo que te apetece ni de tomar la iniciativa... Menos mal que una crece y aprende poco a poco. Pero este encuentro me ayudó a comprender y a no sentirme un bicho raro.

El exceso de obligaciones no permite a la mujer conectar con su instinto sexual.[100] Está constantemente en la mente y en la preocupación, y así uno de los males más comunes de la pareja actual es la falta de deseo. Pero ¿por qué las mujeres no somos capaces de desconectarnos de la cabeza? Porque nos llenamos de «deberías» y de aquello que tiene que ser y no es. «Tengo que ser buena madre, tengo que ser buena esposa, tengo que tener un cuerpo perfecto...». ¿Qué pasaría si dijéramos: «A ver, puedo ser lo que yo quiera, yo necesito esto...»? ¿Qué le ocurriría a la mujer si no tuviera que preocuparse por quedarse embarazada durante una relación porque sería la comunidad la que se hiciera cargo del bebé?

En una ocasión, vi una parodia de cómo funcionan el cerebro femenino y el masculino. Resaltaba cómo el cerebro mas-

---

[100] El investigador estadounidense Daniel G. Amen y su equipo concluyeron, tras un estudio a partir de más de 46.000 escáneres cerebrales en el que se comparó el cerebro de hombres y mujeres, que el 90 % del femenino está activo frente al 9 % del masculino.

culino tiene ordenada cada cuestión en una cajita y ninguna de ellas se relaciona entre sí en ningún momento. Su caja favorita es la de la nada, aquella en la que se coloca cuando quiere desconectar y descansar, y de la que la mujer parece carecer por completo ya que en su cerebro cada cuestión está conectada entre sí gracias a su gran capacidad emocional. Bromas aparte, necesitaríamos tener una caja de la nada para disfrutar más de nuestra sexualidad. Y aprender a ocuparnos de nosotros mismas aunque nuestros deseos no cuadren con los esquemas y lo que se espera de nosotras. En definitiva, podemos dejarnos ser como somos y deseamos dándonos el permiso para ello sin objetivos, reglas, metas u obligaciones.

Conclusión

No podemos olvidar que aún somos el fruto de generaciones y generaciones de mujeres violadas y abusadas. Nuestras madres, abuelas y bisabuelas se han sometido a los patrones patriarcales hasta cambiar completamente su esencia y feminidad condenando a sus descendientes a hacer lo mismo, pues una madre que ha rechazado su conciencia femenina no acepta ni comprende fácilmente la liberación y transformación de su hija. Le impone —tal y como la sociedad patriarcal le ha impuesto a ella— que no se abra al amor, ni a su humanidad, ni al deseo. Quiere que su hija sea perfecta y se comprometa con sus valores morales perfeccionistas. Aunque vive inmersa en una prisión que encorseta su naturaleza y limita su pulsión de vida, esto lleva a que madre e hija tengan que convivir con un poderoso deseo inconsciente de muerte. Ambas se han desconectado completamente de su naturaleza femenina, de su instinto y de la vida que hay en esta conexión. Han sacrificado la vida por una estructura que las oprime, pero en la que ellas han aprendido que están la seguridad y la supervivencia. Mientras esta estructura se mantenga intacta, la mujer puede estar muriendo por dentro sin ni siquiera ser consciente de ello, solo se expresa con enfermedad, dolor, vacío...

Como consecuencia de todo ello, muchas estadísticas muestran que las mujeres, aunque viven más años que los hombres, padecen a lo largo de toda su existencia más enfermedades que generan dolor. Es decir, son más longevas, pero su vida tiene menos calidad. Con la enfermedad, la mujer se convierte en el centro de atención y retoma a menudo el poder que no tiene o no se atreve a tomar de otra manera. En ella las enfermedades son a veces resultado de una retroflexión, es decir, de una agresividad, un deseo y una rabia no expresados. Durante muchos años, la madre ha manipulado a toda la familia, al marido y a los hijos a través de la enfermedad. Y es que seguramente es la manera más inteligente que han encontrado para conseguir lo que necesitaban, lo que querían sin quebrantar las leyes establecidas.

V.
OTRAS REALIDADES MÁS ALLÁ DEL PATRIARCADO

Los mitos y las creencias tienen la doble función de mantener el sistema y proteger su continuidad. El sistema patriarcal no es una excepción. A través de sus mitos nos ha mantenido en las creencias que permitían la instauración de las reglas que lo constituían, dejando fuera aquellas ideas y conceptos que podían cuestionarlo. Nuestro sistema se ha aferrado a la idea de que la naturaleza es competitiva, que la competitividad está en nuestros genes y que esta era la única forma de supervivencia y progreso del individuo y de la sociedad, dando por sentado que la cooperación no formaba parte de la naturaleza ni tampoco del universo.

Se nos ha hecho creer que a través de la racionalidad podíamos descubrir, conocer y dominar el mundo. Estamos convencidos aún de que nuestros sentidos nos permiten comprender y detectar la realidad tal y como es; como se dice en la Programación Neurolingüística (PNL), creemos que nuestros mapas son el territorio y que la ciencia es la «única verdad». Sin embargo, actualmente existen nuevos descubrimientos que aseguran que tomamos la mayoría de las decisiones con la información almacenada en nuestro inconsciente, que es, en definitiva, una de las principales formas que tenemos de percibir el mundo, cuya aprehensión total resulta imposible para el cerebro humano y no puede ser realizada únicamente por nuestra parte racional.

Nuestro parte consciente es solo un 10 % de todo nuestro conocimiento. Según han demostrado algunos científicos, como el neurofisiólogo alemán Wolf Singer, nuestro cerebro toma las decisiones medio segundo antes de que nosotras las asumamos conscientemente. De hecho, somos incapaces de percibir el presente porque nuestra percepción está atrasada medio segundo respecto al tiempo real en que se producen los acontecimientos.[101]

Además de estas limitaciones en nuestra percepción del mundo, el cerebro humano consta de dos hemisferios. Sin embargo, la sociedad patriarcal ha privilegiado la utilización del hemisferio izquierdo intelectual. Un hemisferio que es analítico, lineal, causal, focal, con tiempo e historia, orientado a los detalles, poco empático y poco colaborador, excesivamente seguro de sí mismo y que se inclina por su propio interés. Hemos menospreciado la capacidad del hemisferio derecho, que es atemporal, sensual, gestáltico, difuso, intuitivo, sincrónico, de mayor amplitud, más flexible, generoso, colaborador y carente de certezas.

Tal y como el patriarcado ha hecho con lo femenino el hemisferio izquierdo somete al derecho impidiéndole el desarrollo de todo su potencial cuando ambos hemisferios están diseñados para trabajar en equipo ya que cada uno aporta una visión del mundo y de la realidad. En la sociedad patriarcal, el primero ha cogido el mando anulando o menospreciando la información que le podía proporcionar el derecho, que no tiene ideas preconcebidas, se abre a lo nuevo, es experiencial —no argumentativo como el izquierdo— y se atreve a abrazar el mundo de las posibilidades.

Todas estas ideas han servido para consolidar la cultura de las sociedades posteriores a la «caída», caracterizadas por la guerra (el determinismo genético de la competitividad), el patriarcado o la dominación masculina (dominio del hemisferio

---

[101] Libet, Benjamin. *Mind Time: The Temporal Factor in Consciousness (Perspectives in Cognitive Neuroscience).* Cambridge, Harvard University Press, 2004.

izquierdo sobre el derecho) y la desigualdad social (denigrando la cooperación como cosa de débiles y dando valor a la competitividad y a la premisa de que «el más fuerte gana»).

LA CREENCIA HACE LA BIOLOGÍA

En el mundo de la ciencia, la biología y la etología se pueden encontrar las teorías de distintos autores que muestran otras posibilidades, otras alternativas a este sistema de funcionamiento basado en el poder, la racionalidad, la competitividad, la dominación y el determinismo. Uno de ellos es el estadounidense Bruce H. Lipton, que, en uno de sus trabajos, aborda el funcionamiento celular y postula que las creencias condicionan el comportamiento de nuestras células y, por tanto, nuestra biología.[102] Lipton ha demostrado cómo, en función del entorno en que se encuentran las células, estas se convierten en un tipo de células y no en otras. Sus descubrimientos cuestionan las teorías biológicas según las cuales los genes son los que determinan nuestros comportamientos. Para este científico, los genes están dentro de las células como una especie de programa que debe ser activado para que se ponga en marcha. Esta activación la modula la membrana celular, que es el verdadero cerebro de las células. Nuestro cuerpo humano no es más que un conjunto de células que cooperan entre ellas. Por tanto, para Lipton, en las bases de nuestra estructura celular no está la competencia, sino la cooperación, y cada organismo humano es un conjunto de células con funciones especializadas. El ser humano está compuesto por cincuenta trillones de células, cuyo entorno es la sangre, de modo que la composición de esta cambia el destino de cada una de ellas. Pero ¿qué controla la sangre? El sistema nervioso, que crea una química diferente en función

---

[102] Lipton, Bruce H. *La biología de la creencia: la liberación del poder de la conciencia, la materia y los milagros*. Móstoles: Gaia, 2011.

del sistema exterior. La célula y el ser humano acaban siendo lo mismo, así que si cambias a la persona de entorno, el cerebro varía la química. El cerebro de la célula y el de la persona leen y entienden lo que les rodea.

Así, las influencias medioambientales —que incluyen tanto la nutrición y el estrés como distintas emociones— pueden modificar estos genes sin alterar su configuración básica. Los pensamientos, la energía de la mente, influyen de manera directa en el control que el cerebro físico ejerce sobre la fisiología corporal. La «energía» de los pensamientos puede activar o inhibir la producción de proteínas en la célula mediante las interferencias constructivas o destructivas. Nuestros genes constituyen el almacenamiento de información generada a lo largo de tres mil millones de años de evolución pero no pueden activarse por sí solos, lo harán o no en función del ambiente.

La membrana celular tiene exclusivamente dos modos de funcionamiento: el de nutrición u otro completamente distinto cuando está inmersa en una respuesta de protección. Lo que no puede hacer es presentar ambas configuraciones al mismo tiempo. Nuestro cuerpo inhibe inevitablemente su crecimiento cuando las células cambian al modo de protección. Necesitamos crecer y generar células nuevas cada día para ir hacia la salud y evitar la enfermedad, algo que un entorno negativo y estresante impide.

Vivimos en un mundo que nos mantiene de manera constante en el modo «¡Preparados, listos, ya!», y un creciente número de investigaciones sugiere que nuestro estilo de vida en alerta continua supone un serio problema para nuestra salud. El estrés diario activa de forma constante el eje HPA, preparando nuestros cuerpos para la acción.[103] Al contrario que en

---

[103] Las interacciones del eje hipotalámico-pituitario-adrenal (o HPA), que incluye el hipotálamo y las glándulas pituitaria y adrenal o suprarrenal, son una parte esencial del sistema neuroendocrino que controla las respuestas al estrés y también diversos procesos del organismo.

el caso de los atletas, el estrés que acumulamos no se libera de las presiones generadas por nuestros miedos crónicos y nuestras preocupaciones. Casi la totalidad de las enfermedades importantes de la población están relacionadas con el estrés crónico. Una comunidad puede sobrevivir sin problemas a situaciones que provoquen un estrés momentáneo, como un simulacro de ataque aéreo, pero cuando la situación de estrés se alarga en el tiempo, el resultado es el cese del crecimiento y el colapso de la comunidad.

Según la Asociación Médica de Estados Unidos, la causa del 75 % de los problemas de salud está relacionada con nuestras emociones, siendo el estrés el enemigo número uno. También está demostrado que este es uno de los grandes enemigos del deseo sexual, pues nos desconecta del cuerpo y el otro es percibido más fácilmente como una amenaza que como una fuente de placer o alguien con quien se puede compartir.

Según Lipton, o creces o te proteges. Los procesos de crecimiento requieren un intercambio libre de información con el medio; la protección requiere el cierre completo del sistema. Una respuesta de protección mantenida inhibe la producción de energía necesaria para la vida.

Para prosperar, necesitamos buscar de forma activa la alegría y el amor, y llenar nuestra vida de estímulos que desencadenen procesos de crecimiento. Las hormonas del estrés coordinan la función de los órganos corporales e inhiben los procesos de crecimiento, de modo que suprimen por completo la actuación del sistema inmunológico.

El sistema de creencias del patriarcado, que tal y como hemos descrito anteriormente fomenta la competencia y las relaciones de poder como un funcionamiento natural en el ser humano, alimenta este estado de estrés y de alerta constantes perpetuando la emoción de miedo. En él, los débiles son lo que más sufren y las mujeres, por tanto, las que se llevan la peor parte. Este sistema patriarcal propicia la inhibición celular y nos conduce más al modo de protección, el cual también provoca en nuestro cuerpo y en nuestra mente una tendencia al aislamiento, que a la apertura hacia los demás. Así se desvalorizan las relaciones de amor y cooperación, tachándolas de poco naturales cuando, en realidad, son intrínsecas también a la biología humana.

El ejemplo de los bonobos

Hay estructuras sociales que no están basadas en el poder ni la competencia, un ejemplo de ello son los bonobos y los vínculos que establecen entre ellos. Como afirma el investigador holandés Frans de Waal, especializado en psicología, primatología y etología aplicadas a primates, también en el reino animal la sexualidad se desvincula de la reproducción. Un ejemplo son los bonobos, o chimpancés pigmeos, que recurren al sexo para resolver sus conflictos entre ellos, se hacen felaciones, masturbaciones e incluso practican una especie de esgrima con el pene... En ellos, tres cuartas partes de la actividad sexual no tiene nada que ver con la reproducción, sino que es una forma de estrechar vínculos con el otro y de generar placer.[104] ¿Podemos llegar a hacer como estos primos hermanos nuestros?

Solo hay cuatro especies de grandes monos o antropoides: los bonobos, los chimpancés, los gorilas y los orangutanes. Estos últimos tienen muchas menos coincidencias con nosotros. La gran diferencia de tamaño entre los machos y las hembras de gorila y orangután pone en evidencia que son especies menos similares. Por otra parte, tienen modelos vitales con rígidas jerarquías en los que domina un macho alfa. Aun-

---

[104] Tratz, Eduard y Heck, Heinz. «Der afrikanische anthropoide "bonobo", eine neue menschenaffengattung». *Säugetierkundliche Mitteilungen*, n.º 2 (1954), pp. 97-101. Cit. en Waal, Frans de. *El mono que llevamos dentro*. Barcelona: Tusquets, 2007; este apartado resume sus estudios y conclusiones.

que todos ellos y nosotros procedemos de un árbol evolutivo común, los chimpancés y bonobos se separaron del linaje común en un momento posterior al hombre, de modo que algunos científicos abogan por la teoría de un único género común, *Homo*, formado por las tres especies restantes. A partir de estas coincidencias biológicas, nos parece relevante preguntarnos hasta qué punto los condicionamientos sociales determinan nuestra conducta y cómo seríamos en lo más primario.

El chimpancé presenta modales bruscos, es ambicioso y manipulador. El bonobo, en cambio, conforma una sociedad más igualitaria en la que el estilo de vida es mucho más relajado. El primero establece un patriarcado, el segundo construye una estructura matrifocal. El chimpancé es brutal, busca el poder y es competitivo. El bonobo, descubierto más recientemente en el siglo XX, es amable, erótico y busca la cooperación. Si tenemos en nuestra biología a ambos, ¿podemos desarrollar esta parte más femenina y dar más espacio al bonobo que llevamos dentro apartando al chimpancé? La diferencia esencial entre ambas especies es que los primeros resuelven sus asuntos sexuales mediante el poder y los segundos emplean el sexo para solventar sus asuntos de poder.

Para los chimpancés, la jerarquía es un tema crucial: un macho alfa —el dominante— controla la colonia y pretende acaparar el máximo de poder. A diferencia de otros monos no antropomórficos, la lealtad al macho alfa de los otros chimpancés es siempre relativa. Los aspirantes a sustituirlo, así como otros individuos de la colonia (por ejemplo, los antiguos machos alfa), pueden aliarse para atacar al dominante y arrebatarle el poder, no siendo inusual que incluso le provoquen la muerte. Las hembras también juegan un papel activo en esa lucha permanente por el poder, pero siempre actuando en grupo y exponiéndose menos individualmente. El resultado es un nivel de tensión, agresión y mortandad elevado. Es normal que el número de machos adultos en una colonia sea la mitad que el de hembras debido a estas escaramuzas, algo que no ocurre entre los bonobos, cuyas poblaciones se mantienen estables con un porcentaje similar de machos y hembras.

Este modelo de vida no es ajeno al género humano, donde tenemos estructuras jerarquizadas y permanentemente tensionadas por las posibles alianzas de los adversarios, sin contar con las traiciones, «golpes de estado», etcétera. Paradójicamente, cuanto más asentado está el poder y más establecida está la jerarquía, menos tensión y conflicto se vive en la sociedad.

Las colonias de bonobos son bastante extensas y esto los ha convertido en animales más sociables que los chimpancés. Entre los machos las alianzas apenas existen, mientras que una larga historia de vinculación femenina, de solidaridad, acicalamiento y sexo entre ellas ha erosionado la supremacía masculina, invirtiendo las tornas. Entre las féminas siempre aparece una unión ante la adversidad y, tal vez por su menor fuerza física, en ellas la solidaridad resulta crucial. A pesar de esta evidencia, no fue hasta muy a finales del siglo XX que la ciencia los dio a conocer. No es de extrañar que una comunidad de científicos mayoritariamente hombres no viera «con buenos ojos» el papel de sus congéneres en el seno de esa especie y, mucho menos, la extendida práctica homosexual, mostrándose especialmente renuentes a comentar el lesbianismo entre las hembras; de alguna forma resultaba más fácil «burlarse» de las prácticas onanistas y amariconadas de los pobres y descarriados monos machos cachondos. El lesbianismo tan institucionalizado «asusta», puesto que se entiende como un contrapoder frente al dominio masculino, de ahí que no se trató de la misma manera la homosexualidad en los bonobos según qué sexo la practicaba. Si esto ocurre en el caso de los monos, ¿qué puede estar pasando en el género humano?

Hubo incluso un intento patético de los científicos para justificarla, tildando a los machos de bonobo de «caballerosos» y queriendo ver en este rasgo una «deferencia estratégica». Todo antes que admitir que en esa especie «mandan ellas». Otros científicos más «progres» señalaron posteriormente que la vida de los machos bonobos no es tan deprimente: viven mucho más años que sus primos chimpancés, presentan niveles de estrés mucho más bajos y follan cuanto quieren. Parece que no tienen mucho de qué quejarse viviendo bajo la dominancia femenina... No obstante, la vida en una sociedad matrifocal crea un tipo de macho diferente. No hay nada anómalo en el bonobo macho, pero la mayoría de los varones no quisieran ser como él. Tanto el hombre como el chimpancé macho reclaman para el género masculino el control sobre su entorno y su destino como un derecho natural. Aunque pocas, existen aún algunas pequeñas etnias humanas que ponen el énfasis en lo que los antropólogos llaman el igualitarismo genuino, una línea conductual que se «parece» al estilo de vida de los bonobos. En estas sociedades, basadas en la igualdad y el compartir, los hombres que intentan dominar al resto son sistemáticamente reprobados y la arrogancia masculina está mal vista.

Los bonobos son relajados y relativamente pacíficos. Las hembras emplean el sexo como mecanismo nivelador, al igual que hacen las chimpancés, pero a diferencia de estas últimas, que «agitan desde abajo», las bonobos ejercen su influencia desde arriba, lo que convierte al sexo «débil» en el auténtico sexo fuerte. Las hembras, en su dominancia, deben trabajar permanentemente (el sexo es la herramienta) para mantenerse en la cúspide. Las alianzas madre-hijo son inalterables entre los bonobos, pero no entre los chimpancés. Esto, junto con la ausencia de otras alianzas oportunistas y cambiantes, genera una convivencia estable con una dinámica social mucho menos fluida y cambiante que la de los chimpancés. Es más adecuado describir a los bonobos como tolerantes que como igualitarios.

Los animales, nosotros incluidos, exploran todas las opciones en cuanto a la reproducción. Las especies seleccionan activamente a sus parejas sexuales, machos y hembras. La mayoría de los estudios subestiman enormemente la vida sexual femenina y su papel «activo». Las propias hembras humanas tienden reiteradamente a minimizar su papel cuando son preguntadas sobre su conducta sexual, quedando palmariamente demostrado a continuación que «ellos» y «ellas» han tenido el mismo número de parejas, las mismas experiencias a edades similares, etcétera. Pero en el caso de las mujeres, eso no se «ve», ellas son las primeras en ocultarlo.

La raza humana ha erigido una separación estricta entre lo social y lo sexual, a diferencia de sus primos los monos, porque ha optado por la familia nuclear como célula básica de la sociedad. De esta manera, en aras de la estabilidad, el sexo queda recluido en la intimidad nuclear, como principal moneda de intercambio, pero en un mercado cerrado. Puesto que el sexo es una fuente innegable de tensiones, una manera de mantener la paz es limitar su visibilidad. Esta tendencia se lleva al extremo de negar la visibilidad no solo del acto sexual mismo, sino de cualquier parte corporal excitante o excitable.

El bonobo no es un animal patológicamente hipersexual, de hecho su actividad sexual es más incidental que la nuestra, las relaciones plenas son escasas y, cuando tienen lugar, la cópula dura unos catorce segundos como media, si bien los contactos son continuados: caricias, besos, etcétera. No viven en una interminable orgia, sino en una vida social sazonada de fugaces episodios de intimidad sexual.

Hasta donde sabemos, no hay bonobos solo homosexuales o heterosexuales, todos tienen contacto con parejas del otro sexo y del mismo. La conducta del bonobo en este sentido nos lleva a preguntarnos si se trata de un reflejo de lo que sería una sociedad totalmente acultural, donde la sexualidad se desarrollara en ausencia de tales influencias. No tenemos la respuesta. Sabemos que la heterosexualidad es más antigua que la homosexualidad, en todo tipo de seres vivos sexuados, y que la homosexualidad exclusiva no existe en ninguna especie del reino animal, pero ello no niega como «natural» una manifestación sexual mucho más amplia que lo que culturalmente hemos decidido restringir. Tampoco se sostiene una limitación de la sexualidad al fenómeno reproductivo. La práctica sexual en todos los animales, no solo en el hombre, se extiende inmensamente más allá de lo que dictaría una sexualidad con el solo objetivo de la procreación. Para eso no es necesario observar a los bonobos (con ellos es más que evidente), basta con prestar atención a la conducta de todos los seres sexuados.

Todos tenemos un enemigo común que evitar: la endogamia. Los monos la resuelven con la emigración de las hembras cuando llegan a la edad fértil. En nuestro caso, el poder trazar con claridad los vínculos parentales no lo hace necesario. Es curioso ver como los bonobos no inciden jamás en relaciones incestuosas, lo cual sería de esperar dada la convivencia de madres e hijos en un ambiente altamente sexualizado. En *El mono que llevamos dentro*, Frans de Waal asegura:

> El mundo animal está repleto de hembras sexualmente emprendedoras y la sociedad humana, con toda probabilidad, no es una excepción.[105]

Todos somos bisexuales

Junto a Waal, otro autor relevante en este sentido es el biólogo Ambrosio García Leal, autor de *La conjura de los machos*, quien nos lleva a plantearnos, tal y como ya había afirmado Kinsey

---
[105] Waal, *op. cit.*

en su estudio, que la bisexualidad es algo natural. En la mayoría de las especies animales, las características físicas de un sexo están también presentes en el otro. Desde la perspectiva de la etología comparada, no hay una separación radical en el comportamiento de ambos sexos y son más habituales las diferencias de grado que las conductas exclusivamente femeninas y masculinas.

Por eso no debe extrañarnos que un macho reaccione a los avances sexuales de otro macho adoptando la postura femenina de aceptación de la cópula o que una hembra intente montar a otra hembra.[106]

Pero la bisexualidad solo es problemática si uno se aferra al principio sexista de incompatibilidad entre las sexualidades femenina y masculina. No es raro que los machos hagan suyo un rasgo propiamente femenino y viceversa.

Es obvio, como se está viendo en la evolución del sistema familiar actual, que los varones tienen cierto instinto maternal. Por tanto, si se admite que la sexualidad masculina o femenina puede incluir elementos de la contraria, entonces nada impide, como ocurre en el caso de los bonobos, que la bisexualidad sea la condición normal de ambos sexos:

> Cuando la homosexualidad es un ingrediente normal de la sexualidad femenina o masculina de una especie, nunca se restringe a una subpoblación, sino que todos los individuos son bisexuales en mayor o menor grado, y su actividad homosexual depende más de factores sociales que de diferencias individuales en la vena homosexual innata.[107]

---

[106] García Leal, Ambrosio. *La conjura de los machos*. Barcelona: Tusquets, 2005, p. 229.
[107] Ídem.

En el mundo animal los individuos tendrán comportamientos homosexuales en mayor o menor grado, pero siempre se asegurará la procreación con las prácticas heterosexuales. El siempre querido José Luis Sampedro apostaba, en su novela *El amante lesbiano*, por el hecho de que nuestras creencias son las que limitan nuestras prácticas sexuales. La sociedad está dominada, según el autor, por una moral contraria al placer no destinado a la reproducción. Denuncia el hecho de que la psiquiatría tradicional considere perversión aquello que no está dentro de lo establecido, y que haya transformado los pecados en trastorno. También hace referencia a la influencia de la religión en la sexualidad:

> Ahora nuestra sociedad está dominada por una mitología religiosa cuyos libros, declarados sagrados e infalibles, imponen una moral enemiga del placer carnal y tan antinatural que valora la castidad como más perfecta que el sexo dado a los humanos por su creador. Una moral que declara contra natura, aberrantes y perversas, las modalidades del placer no encaminadas a la procreación, aunque esas variantes sean espontáneas manifestaciones de la vida. No detallo más porque todo esto tú ya lo conoces.[108]

El autor analiza en esta obra las posibilidades de la sexualidad humana desde cuatro niveles diferentes y consecutivos. El primero es la evidencia anatómica: nacemos con unos genitales de hombre o de mujer. El segundo, el nivel psicológico, que supone que, sean cuales sean nuestros genitales, podemos sentirnos indistintamente hombre o mujer. El tercero, el relacional, pues con independencia de los dos niveles anteriores, podemos preferir relacionarnos sexualmente con hombres o con mujeres. El cuarto nivel, el comportamental, ya que el autor entiende el sexo como un comportamiento frente al poder, de ahí distingue dos grandes posibilidades: un com-

---

[108] Sampedro, José Luis. *El amante lesbiano*. Barcelona: Plaza & Janés, 2000.

portamiento dominante y uno dominado, ya sea del sujeto de poder o del objeto de poder, respectivamente. De ahí nacen dieciséis líneas puras, como diferentes opciones básicas de vivir la sexualidad propia. Sampedro confiesa que esto no es más que una reducción, ya que la realidad es mucho más compleja, puesto que en todos los niveles excepto el primero caben elecciones ambivalentes. Así, por ejemplo, en el nivel relacional se puede optar por la bisexualidad y nos alejamos ya del modelo simple de dieciséis líneas. El protagonista de *El amante lesbiano* encarna una de esas líneas, una poco habitual, pero no por ello distinta a las demás. El protagonista está dotado de genitales masculinos, se siente mujer y prefiere relacionarse con mujeres desde una perspectiva de dominado.

Frente a las dieciséis variantes finales, el modelo oficial solo tolera la castidad o la dominación del varón y la sumisión de la hembra en la pareja heterosexual. Los demás experimentos de la Vida se ven forzados a adaptarse, fingir, frustrarse o sufrir las etiquetas de «pecadores» o «pervertidos», con todas las consecuencias. Como escribió Jean Lorrain, «llaman vicio al placer que la sociedad no admite».

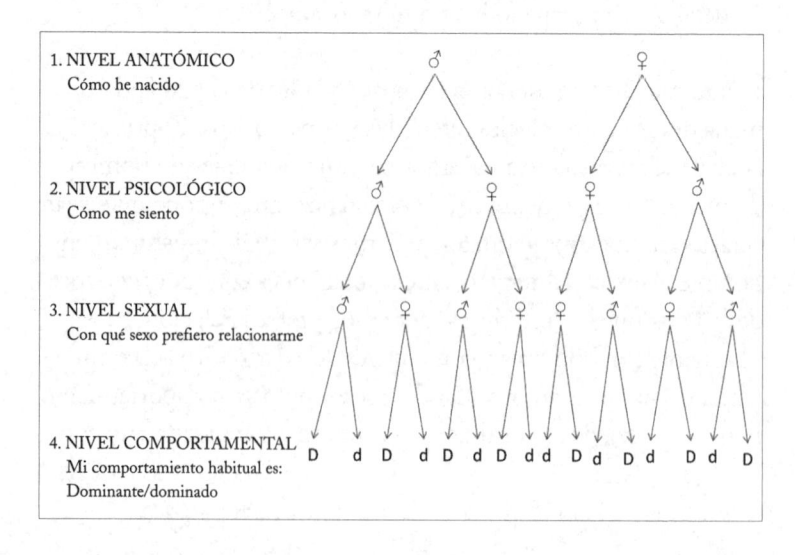

1. NIVEL ANATÓMICO
Cómo he nacido

2. NIVEL PSICOLÓGICO
Cómo me siento

3. NIVEL SEXUAL
Con qué sexo prefiero relacionarme

4. NIVEL COMPORTAMENTAL
Mi comportamiento habitual es:
Dominante/dominado

El clítoris, el órgano del placer

Si había que privilegiar lo masculino por encima de lo femenino era necesario negar cualquier aspecto de la naturaleza del cuerpo de la mujer que mostrase que es más potente que el hombre. El clítoris, un órgano no productivo, solo diseñado para obtener placer e indispensable para el potencial sexual de la mujer, ha sido el gran desconocido y olvidado por la cultura patriarcal, por la historia de la humanidad, por la medicina y la ciencia, por los hombres y por las mismas mujeres. De hecho, es el único órgano cuya función está destinada exclusivamente a proporcionarnos gozo, un órgano que no existe en el cuerpo del hombre, cuyo pene tiene que asegurar también la función de la reproducción y la de evacuación de líquidos. El clítoris está diseñado para recibir estímulos sexuales que lleven a la mujer a experimentar el clímax tantas veces como desee.

Este botón mágico de placer fue descubierto en el siglo XVI y redescubierto por la sexología a finales del XIX. Gracias a él, la capacidad de la mujer para tener orgasmos supera la del hombre a quien, por tradición cultural, se le achaca todo el instinto sexual. Sin embargo, el clítoris es más sensible que el pene ya que en su extremo presenta más fibras nerviosas que cualquier otro órgano del cuerpo. Posee cuatro mil terminaciones nerviosas que llegan de ambos lados del clítoris hasta culminar en un pequeño apéndice en el que se concentra el doble de ellas. Para que nos hagamos una idea de lo que significa: el pene cuenta con entre cuatro mil y seis mil fibras nerviosas; el clítoris no solo suma al menos dos mil más, sino que estas se encuentran concentradas en un espacio más reducido, lo que explica que muchas mujeres prefieran una estimulación indirecta del clítoris a la hora de disfrutar dada la intensidad que puede producir el contacto directo. Cabe señalar que la penetración no siempre es la mejor forma de estimulación de este órgano, que mide unos ocho centímetros y es extremadamente sensible comparado con la vagina, la cual apenas presenta terminaciones nerviosas.

El clítoris está compuesto por el mismo tejido eréctil que el pene. De hecho, en el vientre de la madre, el pene y el clítoris se forman desde el mismo tejido. En 1998 la doctora Helen O'Connell comprobó que, además, se prolonga hacia el interior y su forma es parecida a la del pene del hombre pues posee dos extremidades que se extienden hacia atrás. Sin embargo, tras experimentar un orgasmo, el clítoris no sufre la misma relajación muscular que el pene, lo cual permite a la mujer experimentar orgasmos múltiples. Se calcula que entre un tercio y la mitad de las mujeres alcanzan orgasmos múltiples, pero, como recoge Sylvia de Béjar, «ya en su día Master y Johnson aseguraron que esta cifra sería mayor si nos diésemos permiso y fuéramos adecuadamente estimuladas».[109] Además, parece que incluso los mejores orgasmos masculinos no pueden compararse a la duración y calidad de uno femenino. Si en el hombre dura entre siete y diez segundos, un orgasmo producido por el clítoris puede durar entre quince y veinte segundos. Se suma a esto la capacidad de las mujeres para experimentar orgasmos múltiples.

El clítoris no envejece y mantiene su capacidad para dar placer a cualquier edad. A lo largo de la historia de la humanidad ha sido un órgano del que ni siquiera se ha hablado, menospreciándolo y maltratándolo una y otra vez la sociedad patriarcal.

En la época de la caza de brujas, un gran clítoris era la marca del diablo. El lesbianismo se ha considerado una desviación y la ninfomanía, una enfermedad, cuando puede que solo sea una manera de llamar «anormal» al deseo sexual de la mujer que se sale de las reglas establecidas por la sociedad con siglos de pa-

---

[109] Béjar, *op. cit.*, p. 103.

triarcado y represión a cuestas. La masturbación femenina ni existe ni siquiera se menciona, y a lo largo de nuestra historia se ha llegado a mutilar a las mujeres extirpándoles el clítoris con la excusa que este órgano era el causante de la histeria y la locura.

No han sido pocas las mujeres que han sido y siguen siendo fuertemente castigadas por salirse de las normas y convencionalismos sociales. La sociedad patriarcal ha presionado a lo largo de muchos siglos a la mujer para que no se comporte de forma promiscua. Aunque se haya negado una y otra vez, lo cierto es que la mujer, cuando llega a la adolescencia, siente una fuerte pulsión sexual que es reprimida a menudo por la sociedad, temerosa de que las adolescentes no sepan frenar un embarazo y olvidando que los mensajes que se vehiculan merman su potencial sexual y su capacidad de placer, un vínculo que las une a la vida.

En la Universidad de Ámsterdam se ha estudiado la respuesta sexual femenina y, a partir de los datos registrados, se han desmentido mitos como los que afirman que las mujeres son lentas en llegar al orgasmo.[110] Según estos experimentos, con el estímulo adecuado la respuesta sexual femenina es rápida y las mujeres alcanzan el orgasmo en poco tiempo. La masturbación directa es la mejor manera para llegar a él. Parece que el 43 % de las mujeres estadounidenses se quejan de disfunción sexual, pero no es una cuestión de incapacidad, sino de desconocimiento. El informe *Espira* asegura que menos del 50 % de las mujeres se ha masturbado, cuando esta es una de las claves del placer femenino. Tomar esta iniciativa ayudará a normalizar la respuesta sexual. Shere Hite, con el informe que publicó en 1976, revolucionó la sociedad estadounidense al afirmar que el 70 % de las mujeres no alcanzaba el orgasmo con la penetración

---

[110] *El clítoris, ese gran desconocido, op. cit.*

y, en cambio, sí lo hacían cuando se masturbaban estimulándose el clítoris. Y la autocomplacencia ayuda a ganar seguridad en una misma, como afirma Betty Dodson, la gurú de la masturbación femenina. Los expertos aseguran que no hay mujeres anorgásmicas, sino preorgásmicas, es decir, lo único que les ocurre es que no han aprendido a alcanzar el orgasmo.

Hay muchas creencias que impiden a la mujer disfrutar de su gran potencial sexual. En la Universidad de Ámsterdam se ha comprobado también que nuestra capacidad para el placer está estrechamente relacionada con nuestras creencias y que existe una conexión entre el cerebro y los órganos genitales en el caso de las chicas, algo que no parece ocurrir tanto en los hombres.

En la Escuela de Medicina de la Universidad de Washington en San Luis, un grupo de investigadores comprobó que la observación de imágenes eróticas provocaba una reacción automática en las ondas cerebrales de las mujeres, prácticamente con la misma intensidad que en el sexo masculino. Otro estudio realizado por Terri Conley, de la Universidad de Michigan, pone de manifiesto que en las citas de una noche las mujeres se comportan prácticamente igual que los hombres. De hecho, si las mujeres están interesadas en el sexo, pueden gozar de él porque están diseñadas biológicamente para hacerlo.

La plasticidad femenina

> La Mona Lisa es vasta. Como todas las mujeres, refleja todas las fases de la luna. Contiene multitudes.
> CHRISTOPHER RYAN Y CACILDA JETHÁ

El clítoris no es el único órgano que proporciona placer y es capaz de llevarnos al orgasmo. Existen estudios que demuestran que las mujeres pueden experimentar orgasmos también mediante la estimulación de la vagina y el cérvix. Situado en el extremo interno de la vagina, el cérvix es la estrecha apertura de la parte inferior del útero. Si lo tocamos con el dedo, tiene un tacto elástico pero firme como la punta de la nariz. «El clítoris está conectado principalmente a los nervios pudendos; la vagina, a los nervios pélvicos; y el cérvix, a los nervios hipogástrico, pélvico y vago. Aunque la estimulación de cada una de estas zonas puede, por sí sola, producir orgasmos, la estimulación combinada de dos o tres regiones da como resultado un efecto aditivo, produciéndose un orgasmo más general, lo que se describe como un "orgasmo global"».[111] El punto G o punto Gräfenberg —llamado así en honor del investigador Ernst Gräfenberg, quien descubrió esta zona del cuerpo femenino en la década de 1950, y cuya existencia se difundió gracias a una obra de grandísimo éxito publicada por Alice Kahn Ladas, Beverly Whipple y John D. Perry en 1982— es una zona sensible que se extiende desde la pared frontal o anterior de la vagina (la cara de la pared vaginal más cercana al vientre) y a medio camino entre el nivel del hueso púbico y el cérvix (en la trayectoria de la uretra). Según algunas mujeres se trata de un área erógena que, con la estimulación adecuada, permite alcanzar una intensa excitación sexual, capaz de generar poderosos orgasmos e incluso la eyaculación femenina. La capacidad de nuestro cuerpo para obtener placer es inmensa y aún nos queda mucho por descubrir si nos lo permitimos. ¡A disfrutarlo!

No solo a través de la estimulación de los órganos genitales se puede experimentar placer y excitación, sino también desde la imaginación y los estímulos visuales. A lo largo de mi vida he sentido que mi excitación sexual se activaba con muchos estímulos distintos, hasta el punto de preguntarme si al resto de

---

[111] Komisaruk, Barry R.; Whipple, Beverly; Nasserzadeh, Sara y Beyer-Flores, Carlos. *Orgasmo: Todo lo que siempre quiso saber y nunca se atrevió a preguntar*. Barcelona: Paidós, 2011.

las mujeres les ocurría lo mismo, ya que se dice que hay un único tipo de estímulo responsable de la excitación sexual. A mí me parecía que las mujeres solo se excitaban cuando estaban con un hombre al que amaban. Yo me excitaba ante cualquier escena erótica que viera, ya fuese de hombres con hombres, mujeres con mujeres, incluso con monos, la verdad era que me sentía un poco rara. Cual ha sido mi sorpresa al leer, en unos estudios citados por Ryan y Jethá, que las mujeres que no se definían como homosexuales se excitaban muy rápidamente ante cualquier estímulo sexual, al igual que me ocurría a mí. El estudio analizaba la respuesta consciente, es decir, aquello que la mujer declaraba que le resultaba excitante. Pero también analizaba su respuesta más fisiológica y evaluaba cuál era el nivel de excitación en la zona genital a través de unos electrodos. Existía una incoherencia entre lo que las mujeres decían y lo que les ocurría corporalmente, algo que no pasaba entre aquellas que se confesaban homosexuales ni tampoco en los hombres, fuera cual fuese su orientación sexual. Esto demuestra la importante plasticidad de la mayoría de las mujeres, que se excitan por más de un estímulo aunque no siempre sean conscientes de ello o no lo registren.

Hay un divertido experimento llevado a cabo con cabras y ovejas en la década de 1990 por el neurofisiólogo Keith Kendrick y sus colegas. Tomaron un grupo de ovejas recién nacidas e hicieron que fueran criadas por cabras. A su vez, un grupo de cabras también recién nacidas se crió con ovejas. Cuando alcanzaron la madurez sexual, se devolvió a los animales con los de su especie para observar su comportamiento de apareamiento. Las hembras se mostraron abiertas a relacionarse con machos de ambas especies indistintamente, mientras que estos, incluso después de años de convivencia con miembros de su misma especie, solo se apareaban con hembras de aquella con la que se habían criado.

Es mucho más normal encontrar mujeres que se dicen a sí mismas bisexuales que hombres. Estos últimos, una vez que su modelo sexual se ha definido, no son maleables y no cambian de orientación, solo durante la adolescencia atraviesan un periodo en el que están más abiertos a experimentar. Lo mismo ocurre con las mujeres cuando se definen como homosexuales: solo se sienten atraídas por otras. En cambio, las que no se enmarcan en esta orientación muestran más plasticidad y muchas más posibilidades de excitarse. A las personas que participaron en este primer estudio comentado se les mostraron distintas imágenes eróticas: hombre-mujer, hombre-hombre, hombre solo masturbándose, mujer sola masturbándose, hombre musculoso paseando desnudo por la playa, mujer atleta haciendo ejercicio desnuda y, por último, un corto sobre bonobos apareándose. El estudio también apuntaba que a las mujeres de nuestra cultura les cuesta reconocer lo que les ocurre realmente ante una situación que provoca la excitación sexual, quizá como resultado de las restricciones y prohibiciones a las que se han visto sometidas, ya que se ha comprobado también que la velocidad de respuesta del cerebro femenino es un 20 % más rápida ante imágenes eróticas que frente a cualquier otro tipo.

Mitos sobre la sexualidad femenina

Existen muchos mitos que niegan el poder de la sexualidad femenina, creencias que impiden el desarrollo de todo su potencial y que reafirman la ideología patriarcal. Se nos ha hecho creer, por ejemplo, que las mujeres engañan a sus parejas solo cuando ya no las quieren y que «ellas» no son infieles por seguir su deseo sexual, sino porque buscan amor. Lo cierto es que las causas que llevan a una mujer a ser infiel pueden ser tan variadas y complicadas como en el caso de un hombre. Como señalan William D. Barta y Susan M. Kiene, de la Universidad de Washington en San Luis, una mujer puede ser infiel por un simple ataque de furia en el que busca venganza o, simplemente, por la necesidad de vivir nuevas experiencias, de disfrutar de una aventura que la saque de la rutina. como en el siguiente caso:

> Yo simplemente no me puedo mantener fiel. Quiero a mi pareja, la amo profundamente. Es con él con quien quiero envejecer, tenemos una comunicación excelente y una gran complicidad. Pero me acabo aburriendo y me gusta introducir en mi vida experiencias nuevas, tocar un nuevo cuerpo, oler y acariciar otra piel. No saber qué va a pasar, cómo va a reaccionar... Algo que en mi pareja sé de sobras. No hay sorpresas. El deseo es más grande ante una nueva pareja, lo cual no siempre significa más disfrute ni más comunicación.

La hembra humana es solo moderadamente fiel. Si la fidelidad hubiera sido una meta en la naturaleza, el apetito sexual femenino se habría restringido a la fase fértil del ciclo menstrual, que sería detectable de manera externa. En vez de eso, la naturaleza ha creado una sexualidad femenina casi imposible de controlar.

El informe de Alfred Kinsey ya escandalizó en 1948 al afirmar que las mujeres tenían impulso sexual pues el 62 % de ellas se masturbaba y que el 13 % había participado en una práctica homosexual antes de llegar a los 45 años. También aseguraba que podemos cambiar de orientación sexual a lo largo de nuestra vida, algo que sacudió profundamente a la sociedad puritana de entonces.

Otra gran creencia que pesa sobre la sexualidad de las mujeres como una enorme losa es que «tienen que sentir una gran conexión emocional» para tener sexo, porque solo el hombre es capaz de mantener relaciones sexuales siguiendo su instinto. La realidad es que una mujer puede tener una relación sexual siguiendo únicamente su deseo sexual y disfrutarla como lo haría un hombre o más, algo que de hecho ocurre con frecuencia, como señala la doctora Yvonne K. Fulbright, fundadora del sitio Sexuality Source.

A pesar de todo, muchas de nosotras aún suele esconder su sexualidad para no ser mal vista por la sociedad, que le impone una relación formal como único marco de desarrollo de aquella. Pero esta situación puede invertirse, como confiesa la protagonista de este testimonio:

> Nunca me ha gustado el compromiso y siempre he sido muy sexual. Me gusta experimentar y seguir mi instinto sexual, dejarme llevar por él, inundarme de él... Para eso no hay que cortarlo ni ponerle trabas. No siempre es fácil porque la sociedad no nos enseña a escucharnos, pero he aprendido a conocerme mejor y ahora, cuando un hombre o una mujer me gustan, voy y follamos, a veces sin mediar palabra... y cuando me visto, ya casi estoy pensando en mi siguiente aventura. No me engancho para nada a las personas con las que he hecho el amor.

Tampoco es cierto, como se nos ha hecho creer, que las mujeres seamos más selectivas que los hombres. Gracias a los avances en los métodos anticonceptivos, también estamos muy abiertas a cualquier cosa y tenemos muchas ganas de experimentar. Sin embargo, seguimos aferradas a estereotipos en los que queremos enmarcar nuestras conductas sexuales para que no salgan de lo que está «bien», marcos morales y culturales que acaban matando tanto el deseo como el placer. En diversas encuestas realizadas a mujeres, se ha comprobado que muchas de ellas no cuentan la realidad: si se hace pasar a las estudiantes de primer ciclo universitario por un falso detector de mentiras, las jóvenes comunican un mayor número de parejas sexuales que las mujeres no sometidas a esta presión. De hecho, confiesan haber tenido tantas parejas como sus compañeros hombres. Cuando piensan que no pueden ser descubiertas, estas mujeres, de unos 25 años de edad, declaran que han tenido 2,6 parejas de media a lo largo de su vida, mientras que esta cifra aumenta a 4,4 parejas cuando sospechan que su mentira puede ser detectada... La diferencia implica un aumento del 70 % en el número de parejas. Las respuestas de los hombres no variaban por la presión del polígrafo. Así pues, se demuestra una vez más que las mujeres experimentan tanto deseo sexual como los hombres, solo que parecen tener claro que está mal visto demostrarlo y admitirlo.

La dificultad de mantener el modelo familiar

Para asegurar el mantenimiento de las posesiones (propiedades e hijos), el patriarcado ha escogido como modelo el matrimonio. Esto garantiza a las mujeres la colaboración de su pareja en la crianza y educación de los hijos; y a los hombres el cuidado maternal de la prole más allá de las primeras fases de la vida. También, al hacerse sedentario, el hombre incrementa su bienestar y «patrimonio» queriendo legar a su descendencia un conjunto de bienes, formaciones, derechos, etcétera, lo que justifica la dedicación extensiva a los hijos de ambos padres prácticamente de por vida.[112]

Este modelo creado para cubrir las necesidades de la sociedad patriarcal está mostrando unas grietas cada vez más amplias. ¿Qué le pedimos a la pareja? ¿Cómo podemos mantener la pasión a lo largo de los años tal y como es nuestro ideal? ¿Por qué el buen sexo se desvanece aún en parejas que continúan amándose uno al otro tanto como siempre? ¿Y por qué una buena intimidad no garantiza buen sexo? ¿Podría combatirse esta falta de deseo que lleva a tantas parejas al desastre?

---

[112] Waal, *op. cit.*

Esta es la primera vez en la historia de la humanidad —como afirma Esther Perel— que queremos experimentar la sexualidad a largo plazo no porque queramos muchos niños, sino porque anhelamos parejas duraderas y buscamos placer y conexión.[113] El romanticismo ha entrado en una crisis del deseo. El deseo es una expresión de nuestra individualidad, de nuestra libre elección, de nuestras preferencias, de nuestra identidad; se ha convertido en el concepto central como parte del amor moderno y las sociedades individualistas.

¿Qué sostiene el deseo y por qué es tan difícil mantenerlo? Porque en el corazón del deseo sostenido hay que saber reconciliar dos necesidades humanas fundamentales. Los humanos tanto deseamos seguridad, predictibilidad, dependencia, confidencialidad y permanencia —es decir, todo aquello que nos ancla al hogar— como tenemos sed de aventura, novedad, misterio, riesgo, peligro, de lo desconocido, lo inesperado, de sorpresa, de camino, de viaje. Y eso es algo que muy difícilmente puede asegurar una misma persona al mismo tiempo. ¿Cómo se conjuga esto en una misma relación? Exigimos que nuestro compañero sea nuestro mejor amigo, se muestre sincero, nos aporte seguridad, sea predecible, pero también que sea sorprendente y un amante apasionado. Y todo eso, además, en una época en que la esperanza de vida se ha doblado. Buscamos a una persona que nos pueda proporcionar todo aquello que antes nos aseguraba el conjunto de la comunidad: pertenencia, identidad, continuidad, pero también trascendencia, misterio y asombro; todo en uno. «Dame confort, dame límite. Dame novedad, dame familiaridad. Dame predictibilidad, dame sorpresa. Y pensamos que está dado y que los juguetes y la lencería nos salvarán», asegura Perel.

---

[113] Perel, Esther. «El secreto del deseo en una relación a largo plazo», conferencia en TED, febrero de 2013. <http://www.ted.com/talks/esther_perel_the_secret_to_desire_in_a_long_term_relationship.html>.

En el amor hay un verbo: tener. Y en el deseo es querer. En el amor anhelamos que la brecha entre yo y el otro sea mínima, queremos cercanía y neutralizar las tensiones, mientras que en el deseo tendemos a no visitar de nuevo aquello que ya hemos visitado, lo predecible no mantiene nuestro interés. Queremos pasar a la zona roja. El deseo necesita espacio y no se lleva bien con el «cuidado», que es muy amoroso pero puede convertirse en un potente anafrodisíaco.

«¿Cuándo es más atractiva nuestra pareja?», se pregunta Perel. Pues cuando está lejos, cuando se va, cuando la imaginación puede desarrollarse en la ausencia del ser amado y así aumentar el anhelo. ¿Cuándo me resulta más atractiva mi pareja? Cuando la veo haciendo aquello que le apasiona, cuando está segura y es autosuficiente. Tal y como se ha educado hasta hace muy poco a las mujeres, para que actúen como cuidadoras teniendo más presentes las necesidades del otro que las propias y desconectándose de ellas mimas, el deseo sexual puede desaparecer rápidamente. Responsabilizarse en exceso del otro no deja espacio para que el deseo se desarrolle.

El sexo es un lugar al que vas, es un lugar al que entras dentro de ti mismo, solo o con los otros. Perel asegura que la inteligencia erótica nos distingue de los animales, y que esta es un lenguaje que se puede aprender y desarrollar, mientras que compartimos con estos el puro instinto sexual. De hecho, diversos estudios demuestran que el deseo sexual activa un área concreta del cerebro, mientras que el enamoramiento y el amor a largo plazo se ubican en otras áreas.

Somos los únicos con una vida erótica, lo que significa que nuestro sexo depende de la imaginación. Somos los únicos que podemos hacer el amor durante horas, pasar un rato feliz, tener orgasmos múltiples, sin tocar a nadie, simplemente porque lo imaginamos.

Perel señala dos actitudes ante la vida: la de aquellos que viven muy atados a la tierra, siempre en alerta, preocupados, ansiosos e inseguros hasta el punto de no permitirse un comportamiento juguetón e imaginativo; y la de los que, en cambio, comprenden lo erótico como el mejor antídoto contra la muerte y se mantienen conectados a la vida a través del juego erótico. Esto significa estar vivo de verdad, resonar con la vida, el eros y la energía que el sexo proporciona. Se trata de una nueva de forma de vivir alejada de nuestro eterno estrés y de la necesidad de controlar y estar en alerta.

El amor trae consigo la abnegación, mientras que el deseo requiere una cierta cantidad de egoísmo en el sentido de permanecer conectado con el propio yo en presencia de otro. ¿Cómo va a sentir deseo la mujer si no siente su propia identidad y privilegia al otro antes que a ella? En nuestra sociedad patriarcal, durante muchos años no se ha dejado que la mujer se aleje de aquello que es conocido para que explore y, si lo hace, se la amenaza con lo peligroso que puede resultar para ella. Sin embargo, lo que sustenta el deseo es la exploración, la curiosidad y el descubrimiento. Para que el deseo permanezca en una relación a pesar del tiempo, se requiere darle un espacio. Pero a menudo se renuncia a la libertad individual por miedo a perder la conexión con el otro. Al principio de la relación intimidad, la conexión y la responsabilidad van más unidas porque el deseo está en pleno auge, pero después, a medida que uno se preocupa más del cuerpo del otro que de sí mismo, el deseo desparece y los orgasmos no llegan.

AMOR, SEXO Y BIOLOGÍA

Según Jim Pfaus, el amor y el deseo tienen patrones diferentes en el cerebro, pero coinciden significativamente en las estructuras corticales y límbicas. Es así tanto en mujeres como en hombres, algo que no se esperaba ya que se tiende a decir que las primeras piensan de forma diferente en relación al amor y al sexo.[114]

---

[114] En López, Ángeles, «El mapa cerebral del amor... y del deseo sexual», *El Mundo*, 20 de junio de 2013. <http://www.elmundo.es/elmundosalud/2012/06/20/noticias/1340214603.html>.

Los investigadores señalan que, con la maduración de la relación, entran en juego otras partes del cerebro, y que el dinamismo de las relaciones implica también cambios a nivel cerebral. Las imágenes de resonancia magnética han mostrado más actividad en el área del ganglio basal en el caso de personas con relaciones estables. La evolución de la activación de las diversas áreas cerebrales según se desarrolla el amor demuestra que los sentimientos iniciales de exaltación se transforman en cariño y apego, lo que supone que el vínculo que generan las emociones es mucho más poderoso que el de la atracción sexual por sí sola.

Descubrieron así que dos estructuras cerebrales en particular, la ínsula y el cuerpo estriado, son las responsables del proceso que lleva del deseo sexual al amor. Según los científicos, se activan diferentes áreas del cuerpo estriado. La región relacionada con el deseo sexual se «enciende» normalmente cuando percibimos cosas que son inherentemente agradables, como el sexo o la comida. El área activada por el amor, por su parte, está implicada en un proceso de condicionamiento merced al cual damos un valor inherente a las cosas relacionadas con la recompensa o con el placer. ¿Cómo se relacionan ambas regiones? A medida que el deseo sexual se convierte en amor, pasamos a procesar la información sobre el objeto deseado y amado en un área distinta del cuerpo estriado.

VI.
EL NUEVO MODELO

> Al parecer, la única manera de sobrevivir es construyendo un hogar interior al margen del naufragio de nuestras estructuras tradicionales.
>
> MARION WOODMAN

EN QUÉ REALIDAD VIVIMOS

Virginie Despentes explica que cuando tenía unos treinta años dejó la bebida y se fue a consultar a diferentes psicólogos, magos, sanadores que no tenían nada que ver uno con el otro, pero todos coincidían en algo: eran hombres y le decían que sería necesario que se reconciliara con su feminidad. Durante mucho tiempo se estuvo preguntando: ¿Qué es eso de la feminidad? Y acabó llegando a la siguiente conclusión:

> La feminidad: puta hipocresía. El arte de ser servil. Podemos llamarlo seducción y de hacer de ello un asunto de glamur. Pero en pocos casos se trata de un deporte de alto nivel. En general, se trata simplemente de acostumbrarse a comportarse como alguien inferior. Entrar en una habitación, mirar a ver si hay hombres y querer gustarles. No hablar demasiado alto, no expresarse en un tono demasiado autoritario, no hablar de dinero. No querer tomar el poder. No querer ocupar un puesto de autoridad. No buscar el prestigio. No reírse demasiado fuerte. No ser demasiado graciosa. Gustar a los hombres es un arte complicado, que exige que borremos todo aquello que tiene ver con el dominio de la potencia.

[...] Estar acomplejada he ahí algo femenino, eclipsada. Escuchar bien lo que te dicen. No brillar por tu inteligencia. Tener la cultura justa para poder entender lo que un guaperas tiene que contarte. Charlar es femenino. Todo lo que no deja huella. Todo lo doméstico se vuelve a hacer cada día. No lleva nombre. Ni los grandes discursos, ni los grandes libros ni las grandes cosas. Las cosas pequeñas, las monadas. Femeninas. Pero beber: viril. Tener amigos: viril. Hacer el payaso: viril. Ganar mucha pasta: viril. Tener un coche: viril. Andar como te dé la gana: viril. Querer follar con mucha gente: viril. Responder con brutalidad a algo que te amenaza: viril. No perder el tiempo en arreglarse por las mañanas: viril. Llevar ropa práctica: viril. Todas las cosas divertidas son viriles, todo lo que hace que ganes terreno es viril. Eso no ha cambiado tanto en cuarenta años.[115]

Este texto nos parece tan gráfico y una se siente tan identificada con él que no puede más que reírse al darse cuenta de cuán real es lo que describe la autora. Esta sociedad dicotomiza, clasifica categóricamente los seres entre hombres y mujeres y de ahí se derivan una serie de consecuencias y actitudes. Algo que, hoy en día, se sabe que es mucho más complejo y no resulta real. En 1972 Money y Ehrhardt recurrieron a cinco componentes biológicos para poder definir la identidad sexual de una persona: sexo genético (cromosomas XY), sexo hormonal (el equilibrio estrógenos-andrógenos), sexo de las gónadas (presencia de testículos u ovarios), morfología de los órganos reproductivos internos y morfología de los externos. Dados estos componentes, la variabilidad es mucho mayor que una simple división entre dos sexos.[116] Estoy convencida de que la feminidad que

---

[115] Despentes, *op. cit.*, pp. 106-107.
[116] Money, John y Ehrhardt, Anke A. *Man & woman, boy & girl: the differentiation and dimorphism of gender identity from conception to maturity.* Baltimore: Johns Hopkins University Press, 1972.

nos han vendido, como un despliegue biológico o químico de cualidades particulares en todas las mujeres, no existe. Como afirma Despentes en una entrevista, poco tienen que ver Bruce Willis y Woody Allen y tampoco Britney Spears tiene demasiadas similitudes con Angela Davis: «Dividir a la humanidad en dos partes para tener la sensación de haber hecho un buen trabajo me parece bastante grotesco».[117]

La bióloga estadounidense Anne Fausto-Sterling considera que etiquetar a alguien como varón o como mujer es una decisión social porque nuestros cuerpos son demasiado complejos para proporcionar respuestas definidas sobre las diferencias sexuales. Por tanto, concluye, el cuerpo no es una esencia, sino un armazón desnudo sobre el que el actuar y el discurso modelan un ser absolutamente cultural. A modo de ejemplo puede aducirse el caso de la atleta española María Patiño,[118] a la que en 1988, a pesar de mantener un cuerpo físico con forma de mujer, le fue prohibida la participación en los Juegos Olímpicos debido a que un análisis detectó que tenía un cromosoma Y y que sus labios vulvares ocultaban unos testículos. Además, carecía de ovarios y útero.[119]

Como aseguran las teorías *queer*,[120] la división que mantenemos entre hombres y mujeres es simplista y reduccionista cuando en la actualidad somos capaces de dar forma al cuerpo a base de gel de testosterona, por ejemplo, y de tomar distintos roles según cada persona y situación. Los roles se mantienen más a través de la repetición a lo largo de nuestra vida que de

---

[117] En Souza, Patricia de, «No creo en la femineidad», *El País*, 13 de enero de 2007. <http://elpais.com/diario/2007/01/13/babelia/1168648752_850215.html>.

[118] La atleta española encargó personalmente diferentes investigaciones y, tras recurrir su caso, dos años después de haber sido inhabilitada consiguió que la Asociación Internacional de Federaciones de Atletismo (IAAF) la volviera a admitir en competición.

[119] Cit. en Fausto-Sterling, Anne. *Cuerpos sexuados*. Barcelona: Melusina, 2006.

[120] Para saber más, véase Preciado, Beatriz. *Texto yonqui*. Madrid: Espasa Calpe, 2008.

la biología. Despentes asegura que el género es una cuestión que cada uno define de manera personal e individual. Desde esta definición queda diluida también la posibilidad de discriminación y nadie puede ser etiquetado o marginado por su comportamiento de una u otra manera más o menos femenina, más o menos masculina según establecen los cánones:

> Lo que se define como lo que les pertenece [a los hombres], no les pertenece y no les conviene, ni más ni menos que a las que nacemos mujeres. Imaginar que la fuerza de carácter, la energía, la agresividad, el deseo o los trapos más prácticos que seductores nos pertenecen en tanto que hembras es una herejía. A cada una le toca definir, según su trayectoria precisa y en la medida de sus posibilidades, adónde quiere ir.[121]

Esta división es consecuencia de la ideología patriarcal que preconiza las relaciones de poder entre dominante y dominado y la perpetuación de la desigualdad. Algo insostenible cuando la realidad es muy compleja y la diferencia entre los seres humanos es infinita y puede haber más variabilidad entre dos hombres que entre un hombre y una mujer. Esta división también es fruto de una falsa necesidad de clasificar desde la razón no solo las cosas, sino también a las personas, dando pie a fenómenos como el racismo en los que se acaba viendo más la etiqueta que ha permitido la clasificación que a la persona en sí. Es una necesidad de control propia de nuestra cultura racionalista.

Cada persona, independientemente de su sexo, puede utilizar su cuerpo con los recursos que tiene para buscar el placer y ser más feliz. Liberarse del rol, de las creencias y prejuicios que pesan sobre nosotros es la solución para poder abrazar el placer

---

[121] Souza, *op. cit.*

y experimentar sin limitaciones. Llegados a este punto, para poder actuar de forma libre, debemos salir de la dicotomía masculino-femenino y dejarnos ser lo que somos. Para ello, tenemos que alejarnos de los roles y creencias que caen sobre la mujer.

Esto requiere recuperar una autoestima y un valor que a la mujer se le han negado durante siglos. Para mí, uno de los elementos que más valor intrínseco ha arrebatado a la mujer es el hecho de haber sido expulsada de lo divino. Si formamos parte de lo sagrado, está bien que tanto nosotras como lo que representamos seamos lo que somos: la naturaleza está bien como es, la sexualidad está bien tal y como se expresa, lo instintivo, lo irracional, lo emocional, lo visceral... Y desde ahí tenemos el derecho de ser como somos y de expresarnos como queramos.

Solo si yo me doy ese permiso para ser lo que soy, puedo experimentar y encontrarme desde esa identidad fuerte con el otro para crear un nosotros. No traicionarse a una misma es lo fundamental, tanto si rompemos con el rol como si decidimos quedarnos en él porque así lo queremos. La idea es darse permiso para ser lo que uno es y hacer lo que uno quiere hacer. Las mujeres se tienen que valorar también desde ese lugar. Cambiar las relaciones de poder y de dominado-dominada por una relación de amor hacia uno mismo, seas como seas. Aceptar que una persona puede decidir ejercer la prostitución o mantenerse virgen para siempre... Todo está bien.

OTROS MODELOS CULTURALES EN LOS QUE LA SEXUALIDAD NO SIGUE EL PATRÓN PATRIARCAL

Ryan y Jethá explican cómo en la época prehistórica los grupos de cazadores-recolectores lo compartían casi todo y estaba prohibida la acumulación. Se repartían igualitariamente alimentos, territorio y sexo. Según esta pareja de investigadores, todavía existen culturas no caídas en las que se pueden observar estos comportamientos. Son culturas que no han vivido el peso del patriarcado, y en algunas de ellas las mujeres alardean de su enorme poder sexual.[122] Según Taylor, que cita los trabajos de James Cowan sobre la conducta sexual de los aborígenes australianos, las mujeres de estas tribus alardean de los muchos hombres con los que son capaces de acostarse sin cansarse. Sus canciones suelen abordar del siguiente modo las proezas sexuales de las mujeres:

> He tenido tantos, uno tras otro, y podía haberme acostado con más. Mis muslos y mi vagina son tan potentes que, mira, después de lavarme, todavía segrego flujo.[123]

Las mujeres maduras de Mangaya, una isla del archipiélago de las Cook (cerca de Nueva Zelanda), dan lecciones sexuales a las adolescentes de entre trece y catorce años enseñándoles cómo una mujer puede tener varios orgasmos en una relación y mostrándoles artes amatorias diferentes como el sexo oral y la estimulación clitoridiana. En caso de no lograrlo, el hombre tendría muy difícil conseguir pareja. Estas mujeres poseen todo el derecho a experimentar un orgasmo cada vez que practican el sexo, y si un hombre eyacula prematuramente, estas se lo cuentan a sus amigas y su mala reputación como amante se extiende, lo que le complica mucho la existencia.

Otro ejemplo son las culturas que viven en el Himalaya, en concreto los sherpas. Los sherpas aceptan desde siempre las relaciones prematrimoniales, tanto es así que los amantes de las hijas entran sigilosamente en la casa de los padres y estos simulan no oír nada a pesar de que —como cuenta el escritor Josep Francesc Delgado— la familia duerme en pleno en la

---

[122] Ryan y Jethá, *op. cit.*
[123] Taylor, *op. cit.*

misma estancia. Siempre están riéndose y toman con mucho sentido del humor lo que rodea a la sexualidad. Si la chica queda embarazada, se acepta. Tampoco pasa nada si después los jóvenes se separan, algo que es frecuente y normal tanto por parte del hombre como de la mujer. Antes era más frecuente que la mujer se casara con dos hermanos: el rebaño siempre tenía que estar vigilado por uno de ellos, que a menudo pasaba largas temporadas fuera de casa, y de esta forma se aseguraba el mantenimiento de la mujer. Un hombre rico también podía casarse con dos mujeres. Se trata de una cultura muy tolerante con la sexualidad y, cuando el hombre pasa muchas semanas fuera y la mujer ha sido infiel, se habla del tema entre risas y sin ningún tipo de violencia. Delgado concluye que «la promiscuidad es tomada directamente y sin falsas discreciones como un motivo de diversión dialogante, ocurrente y no malicioso».[124]

Las mujeres na, un pueblo mongol del norte de China, no se casan, gozan de una libertad sexual plena y es la mujer quien invita a su amante o amantes a pasar la noche en su casa cuando le apetece. Ella tiene el poder de decidir, un factor fundamental para alimentar el deseo. Y la fidelidad, tan importante aún en nuestras sociedades, no es algo que se valore en muchas de estas culturas porque se da por supuesto que el deseo es libre y voluble. También algunas de ellas contemplan la bisexualidad como algo natural.

En la mayoría de estas culturas, la mujer no es una propiedad y todos los bienes son compartidos comunitariamente. No se permite que nadie acumule más de lo que necesita. Por tanto, no existen tampoco los celos ni los sentimientos posesivos, se educa a sus miembros para que no desarrollen estos sentimientos.[125] En este tipo de sociedades, mujeres y hombres tienen un

---

[124] Delgado, Josep Francesc. *Sota el signe de Durga*. Barcelona: Columna, 2013.
[125] Ryan y Jethá, *op. cit.*

estatus más o menos igualitario dado que la forma en que estas ejercen el poder no es la misma que la de ellos, en el sentido de que no es una relación de dominador-dominado. Según los antropólogos, no existen sociedades matriarcales. Ryan y Jethá aseguran que se debe a la manera en que la mujer toma el poder, pues no establece relaciones abusivas.

LAS MUJERES MIRADAS SIN LA IDEOLOGÍA PATRIARCAL

Northrup recoge estas conclusiones sobre cómo la mujer podría recuperar su poder sexual sin los condicionamientos de la ideología patriarcal y así recobrar la libertad:

> Como mujeres, necesitamos pensar en la posibilidad de volver a ser «vírgenes» para ser fieles a nuestro yo más profundo. Hemos de hacer y ser lo que es verdad para nosotras, no para complacer a otra persona, sino porque es nuestra verdad. Necesitamos reconocer que todas tenemos acceso a la fuerza vital, la energía erótica y extática de nuestro ser. Eso forma parte de ser humanas. Necesitamos imaginar cómo sería nuestra sexualidad si la considerásemos santa y sagrada, un don que procede de la misma fuente que creó el mar, las olas y las estrellas. Cada una de nosotras necesita volver a conectar con su sexualidad simplemente como la expresión de esa fuerza vital creadora. Necesitamos aprender a experimentar y luego dirigir nuestra energía sexual (con o sin acto sexual) para nuestro mayor placer y nuestro mayor bien. En segundo lugar, necesitamos imaginar cómo podemos usarla para beneficiar también a otras personas de nuestra vida. Necesitamos pensar en nuevas actitudes hacia el hecho de ser sexuales. Pregúntate cómo mejoraría tu salud emocional y mental, además de tu salud física, si cambiaras tus pensamientos y actos.[126]

---

[126] Northrup, *op. cit.*, p. 171.

VI. EL NUEVO MODELO

La pregunta más concreta para mí sería: ¿cómo podrían ser las mujeres sin estar sometidas a la ideología patriarcal? Estas son algunas de las características que me parece fundamental tener en cuenta:

- La mujer tiene derecho y capacidad para estar plenamente satisfecha sexualmente.
- La mujer tiene capacidad para pasar a la acción y así obtener el placer que necesita.
- El cuerpo de la mujer es sagrado y su sexualidad expresa lo sagrado y divino que hay en ella.
- Las mujeres poseen el don de ejercer su libertad sexual con tanto entusiasmo y deseo como los hombres y así se demuestra en aquellos ambientes y culturas que toleran la pluralidad de relaciones.
- Las mujeres son fuertes, independientes y activas.
- Las mujeres tienen poder, son rebeldes e inteligentes.
- La mujer es racional y empática.
- La mujer es agresiva, puede ser impulsiva y responder según su instinto.
- La mujer requiere ser respetada, lo cual no equivale a que necesite protección. El respeto significa que, cuando una mujer dice «no» o «basta», su decisión es suficiente.

Si la mujer puede abrazar estas creencias sobre ella misma, se atreve a valorar sus capacidades y a la vez lo que es en esencia, puede establecer un vínculo con el otro que no esté basado en el poder y alejarse de las relaciones dominador-dominado, y con ello construir un «nosotros» junto al hombre. Veamos ahora cómo puede alcanzarse esta apropiación y transformación de lo aprendido.

Una propuesta de transformación

Mi proposición pasa por la conexión de la mujer con el instinto, el cuerpo, el sexo, la naturaleza y lo sagrado que hay en ella. Estamos hablando aquí de la mujer, pero en el hombre este proceso también sería válido. Nuestra cultura ha propiciado la desconexión con el cuerpo, el instinto y la emoción en ambos sexos. El patriarcado, sobrevalorando la racionalidad, tacha de negativo todo lo relacionado con el instinto y, de este modo, mata el sexo. ¿Cómo recuperar y dar espacio al instinto y al sexo? Lo primero es hacer que dejen de ser tabúes y empezar a contemplarlos como una fuente de energía. Decía Carl Jung: «A lo que te resistes, persiste». De hecho, cuanto más hemos querido controlar el sexo y el instinto, más han persistido de forma violenta y perversa. Se ha comprobado que las sociedades humanas en las que la tolerancia sexual es elevada suelen ser menos violentas que las más reprimidas. Y, a pesar de la represión ejercida sobre la sexualidad, no se ha podido erradicar ni controlar ya que forma parte de nosotros como es obvio. Según Ryan y Jethá, la pornografía mueve cantidades ingentes de dinero: recauda en todo el mundo entre 57.000 y 100.000 millones de dólares, una cifra más alta que los ingresos de todas las cadenas de televisión en Estados Unidos. Como exclaman estos autores: «Es innegable que nuestra especie siente debilidad por el sexo».[127] Freud tenía razón. A pesar de que se equivocó en muchas cosas, parece que dio en el clavo al observar que la «civilización» se ha edificado en buena medida sobre la base de la energía erótica bloqueada concentrada acumulada y desviada.[128]

Se trata de abrirse libremente al sexo y al instinto. Tenemos un ejemplo en los bonobos y los chimpancés. Nuestro ADN solo se diferencia de ellos en un 1,6 %.[129] Tanto una especie

---

[127] Ryan y Jethá, *op. cit.*, p. 19.
[128] Ídem, p. 49.
[129] Ídem, p. 87.

como la otra son muy promiscuas y ninguna de ellas practica la monogamia. La diferencia entre ambas es que los chimpancés son extremadamente jerárquicos y violentos, y durante muchos años se les ha considerado el mejor modelo de comparación con el comportamiento humano obviando a los bonobos, que tienen una conducta basada en la sexualidad como forma de acercamiento, de vínculo y acuerdo. Como observa la antropóloga Helen Fisher, nuestro comportamiento sexual tiene más en común con el del bonobo que con el de cualquier otra criatura del planeta.[130] Nosotros, al igual que en los grupos de los bonobos, donde los machos ya no tienen necesidad de luchar entre ellos por las hembras, mantenemos un equilibrio entre el número de mujeres y hombres. Ryan y Jethá reafirman la idea de Fisher cuando recuerdan que —antes del nacimiento del patriarcado y, por tanto, de la aparición de la agricultura— los grupos de cazadores-recolectores mantenían relaciones absolutamente igualitarias sin ninguna jerarquía. Con la llegada de la cultura agrícola, la valorización de las posesiones y la propiedad privada, empezaron la jerarquización y las relaciones de poder entre los humanos. Esto se sitúa aproximadamente hace apenas 10.000 años.

Conectar con nuestra naturaleza: el cuerpo y lo que perdimos por el camino

Las hembras bonobo no se preguntan si tienen derecho o no a vivir su sexualidad, simplemente la viven y están en ello:

> Si las hembras de chimpancé y bonobo pudieran hablar, ¿de verdad creemos que estarían sentadas con sus peludas amigas despotricando de machos eyaculadores precoces que ya no les llevan

---

[130] Ídem, p. 101. Helen Fisher ha investigado el comportamiento humano y el amor desde el punto de vista científico durante varias décadas.

flores? Probablemente, no, porque, como hemos visto, cuando el cuerpo se lo pide, no tienen problemas para atraer la atención de los machos más ardientes. Y cuanta más atención reciben, más atractivas resultan, porque, mira tú por donde, a nuestros primos primates machos les excita ver y oír a sus congéneres practicando el sexo. Qué cosas, ¿no?.[131]

El deseo y el placer son previos a la conciencia, son previos al lenguaje y a la palabra. Es algo que tenemos o poseemos solo por el hecho de ser humanos. Únicamente a través de la mente y de nuestras creencias podemos bloquearlo y no percibirlo. El cuerpo tiene la capacidad de sentir placer y de estar en él. El cuerpo es fuente de sensaciones de gozo, dolor, desagrado, satisfacción... Pero nuestra civilización occidental se ha desvinculado cada día más del cuerpo, la supremacía de la racionalidad nos ha mutilado la capacidad de intuir y de sentir. El saber, las normas y el miedo nos han atrofiado la capacidad de percepción. En una cultura en la que se valora por encima de todo el esfuerzo, el sufrimiento y los logros, queda muy poco espacio para el goce y el disfrute. Lo más importante es que con ellos no se gana el cielo. Cada vez que sentimos placer nos preguntamos si no habremos hecho algo malo. En mi centro trabajaba un profesor de PNL que, a medida que avanzaba su curso intensivo de diez días, preguntaba a cada uno de sus alumnos: «¿Cuánto placer eres capaz de soportar?». La respuesta acostumbraba a ser casi siempre: «Muy poco». En cuanto estamos un poco bien y sentimos bienestar, solemos cuestionarnos qué estamos haciendo mal. Intenta hacerte estas preguntas a ti misma: ¿cuánto placer eres capaz de soportar?, ¿qué espacio hay para el placer en tu vida?, ¿cómo sería si no expulsáramos el goce y el placer de nuestro mundo?, ¿cómo sería contemplarlo

---

[131] Ídem, p. 297.

como algo que tiene el mismo valor que el esfuerzo y el dolor? Para poder responderlas, no tendríamos que negarnos el placer como posibilidad y habría que darle espacio en nuestras vidas. No solo como una compensación del esfuerzo realizado, sino también como algo que forma parte de ellas. Podríamos recuperar a los dioses de dos caras, como en la Antigüedad, en los que la dionisiaca simbolizaba el deseo, la espontaneidad y los deseos de la carne y la apolínea representaba «lo que hay que hacer», la responsabilidad, el autocontrol y el compromiso personal.

Con la llegada del patriarcado se instauró un dios único y verdadero —el cual era la perfección sin debilidades, el modelo y la ley que debían seguirse— y solo quedó vigente la parte apolínea de la divinidad, la única que debía tener valor para el ser humano.

¿CÓMO PERDIMOS A DIONISOS?

La orientación para alcanzar el bien, que es lo que propone nuestra cultura, hay que buscarla en la palabra de Dios y en la ley, no en los instintos. El deleite y el placer, como la sexualidad y la violencia, se juzgan ajenos al campo religioso y pasan a ser considerados demoníacos, nocivos, perniciosos. En un principio se admitía a Dionisos como el otro poder, como otro aspecto de la vida; bajo la ideología patriarcal, este dios libertino debía ser expulsado y expiado. Desde la ideología patriarcal hemos tenido que desarraigarnos y separarnos de estos impulsos y así se ha perdido la sabiduría instintiva que poseíamos originalmente. La diferencia entre destruir y expulsar es la diferencia entre represión y disciplina: la primera pretende matar un impulso haciéndolo inconsciente; la segunda admite y reconoce el impulso, pero decide no expresarlo. Se le permite vivir, pero se le destierra al desierto, a su dominio propio, hasta que llega el momento en que se puede expresar adecuadamente a través de festividades dionisíacas, orgías y otros ritos que sirven para desahogar la violencia. Para poder expresar el instinto y la sexualidad humana, existían rituales en los que se permitía dar rienda suelta a la violencia y a la promiscuidad con un efecto catártico. En nuestro cultura se han perdido estos espacios sanadores donde lo no controlado y racional que cada ser humano y cada sociedad posee puede ser liberado.

Pero hacer esta distinción entre disciplina y represión es algo difícil que requiere una fuerza mínima del ego que en la Edad Media aún no se poseía. Dionisos dejó de ser un dios aceptable en determinadas circunstancias y se convirtió en Satán, «incondicionalmente maligno», lo que se juzga inaceptable en términos culturales (y, en consecuencia, perjudicial), pues ya no puede ser dominio del buen Dios que creó la ley y todo aquello que es bueno. Los impulsos que antes, en condiciones ritualizadas, se consagraban al dios de la lujuria y de la violencia pasan a condenarse ahora como pertenecientes a Satán, el antidiós que encarna también, paradójicamente, el principio de la inexistencia. En consecuencia, la instintividad espontánea se considera inexistente y se relega a un limbo de inconsciencia.[132]

Hemos relegado a Dionisos fuera del reino divino, y con ello hemos tenido que desconectarnos de nosotros y de nuestro cuerpo así como de nuestra naturaleza. Como si todo ello no perteneciera también a parte divina. Mi propuesta es recuperar esa parte que nos conecta con nuestra naturaleza tal y como era en la Antigüedad: dado que la naturaleza es divina, por tanto nos conecta con Dios. Por el sexo y el placer podemos llegar también a Dios y por el goce logramos alcanzar la trascendencia. Existen algunos vestigios en nuestra cultura de cómo llegar a la divinidad a través del goce y el baile, como las romerías dedicadas a las distintas advocaciones de la Virgen María, por

---

[132] Whitmont, *op. cit.*, p. 201.

ejemplo, la del Rocío, donde la protagonista es la Diosa y se la venera mediante rituales de placer.

¿CÓMO AFECTÓ A LOS CUERPOS?

Cuando las mujeres creemos que no tenemos derecho al placer y a gozar, nos excluimos de esta posibilidad. Según la tradición dagara,[133] el espíritu está presente en cualquier ser humano, entendiendo por espíritu la fuerza vital que anida en todo. Para los dagara, cada uno de nosotros es un espíritu que ha adoptado una forma humana para llevar a cabo un propósito.[134] El espíritu es la energía que nos ayuda a conectar, que nos ayuda a ver más allá de nuestros parámetros limitados por la raza y también a participar en el ritual y en la conexión con los ancestros.

La sociedad judeocristiana que valora el esfuerzo dejó el sexo fuera de Dios. Cuando nos negamos esta conexión y excluimos partes nuestras como la sexualidad y el instinto, perdemos la alegría de vivir y, por tanto, el deseo. Al habernos desconectado de la fuente de la vida y de lo sagrado y transformado en seres hiperracionales, aislándonos del resto de la naturaleza para controlarla y dominarla, hemos perdido la conexión con la vida. Nuestra cultura nos inculca la disciplina hacia nosotros mismos, pero esta férrea disciplina con uno mismo no deja jamás que bajemos la guardia ni que sintamos nuestro cuerpo o cuáles son sus necesidades básicas. Siempre hay un objetivo por cumplir y el individuo no puede prestar atención a lo que le está pasando. Se explota a sí mismo constantemente y sin coacción externa. Lo peor es que la exigencia y la presión salen de uno mismo. Se exige dar lo mejor de sí en cada momento y no podemos relajarnos. Hemos dejado de ser

---

[133] La tradición dagara se asocia principalmente a algunos países africanos de la costa occidental del continente: Burkina Faso, Ghana, Costa de Marfil y Togo.
[134] Somé, Sobonfu E. *Enseñanzas africanas sobre el amor y la amistad*, Barcelona: RBA, 2004.

cuerpo para ser máquinas, hemos dejado de lado las sensaciones para que la planificación ocupe todo el espacio, hemos abandonado el placer en favor de la producción y el rendimiento. Y estamos cansados, cansados de forzarnos a elaborar proyectos, de ser vencedores, estamos cansados de tanto «yo puedo, todo es posible, todo depende mí», pero no nos damos permiso para parar, escucharnos y simplemente no hacer. No nos damos permiso para la contemplación. Este cansancio no expresado deforma la mirada que tenemos de nosotros mismos y también la que tenemos sobre el otro. Es un cansancio que lleva a la violencia. La salida es entregarse a él, rendirse a las limitaciones de lo humano, lo que nos permitirá mirarnos a nosotros mismos y al mundo. Entregarse al cansancio profundo originado por no haber parado durante mucho tiempo es la salida.

Como consecuencia de ello, nuestra sociedad vive una enorme falta de deseo o al menos de deseo conectado con el cuerpo. Sin vincularse al cuerpo, resulta imposible conectarse con nuestro deseo auténtico; sin dejar espacio a nuestra vida sexual, tampoco es posible disfrutarla. Por tanto, esto significa reservarle tiempo y energía y, cómo no, hablar de ello. En definitiva, dedicarle a la sexualidad tanta intención como a nuestras ocupaciones diarias y a aquello que tanto nos preocupa, hasta convertir el placer en una prioridad disolviendo poco a poco y sin más exigencias las estructuras patriarcales que nos esclavizan, dejan sin energía y desconectan de la parte sexual femenina.[135]

En la cultura dagara, cualquier problema que aparece es tratado como una anomalía de la comunidad misma. La evolución de la psicoterapia nos ha llevado sobre todo a la autorresponsabilización, es decir, «yo, en tanto que individuo y no como persona que forma parte de una sociedad y de un sistema, tengo un problema». Como individuo debo responsabilizarme de todo aquello

---

[135] Flaumenbaum, *op. cit.*, p. 220.

que me ocurre, a diferencia de otros momentos históricos en que se consideraba que era fruto de los avatares del destino o de una decisión divina. Con la autorresponsabilización, negamos la existencia de fuerzas mayores que también nos influyen y, al creernos dueños de nuestro propio destino, nos hemos culpado por él. A diferencia de culturas como la dagara, en la nuestra cada individuo es sometido a una hiperresponsabilidad, percibiendo la resolución de cualquier trastorno como un problema individual sin tener en cuenta cómo influye la ideología en cada persona. Un ejemplo de esto podría ser la falta de deseo, una expresión de las anomalías de nuestro sistema.

El estrés y el cansancio, de los que hemos hablado antes, provocan muchos trastornos. Al estar más enfocados hacia la consecución de objetivos y bienes, no hay espacio para el placer. ¿Cómo se concreta esto?

> La mayoría de las mujeres anteponemos *todo lo demás* a nosotras mismas [...]: los hijos, la pareja, los padres, los estudios, el trabajo, la limpieza, las comidas, la lavadora... Nuestros deseos suelen ir en último lugar. Creo que muchas hasta carecemos de deseos, ya no solo eróticos, sino de cualquier clase. Cuando nos olvidamos de nosotras mismas, difícilmente nos queda espacio para el placer.[136]

Para mantener el sistema capitalista y patriarcal, que tiene el matrimonio como principal medio para conservar los objetivos del mismo (preservación del patrimonio, crianza de los hijos, control sobre el instinto...), hemos tenido que inventarnos que somos monógamos por naturaleza y convencernos de ello.[137]

---

[136] Béjar, *op. cit.*
[137] Ryan y Jethá, *op. cit.*, pp. 292-293, demuestran cómo la especie humana no ha sido siempre monógama, argumentando que la infertilidad que se sufre en la actualidad en muchas sociedades occidentales está relacionada con esta monogamia para la cual no estamos biológicamente diseñados.

Asimismo, se acentúa el cansancio surgido por la obligación de canalizar el instinto y el deseo para mantener el modelo de pareja estable impuesto.

¿Cómo afecta esto a las mujeres?

Los principios necesarios para que se dé el deseo —según Esther Perel— son: exploración, curiosidad, descubrimiento, autonomía y separación.[138] Esta autora explica cómo se realiza el aprendizaje de experimentar el deseo mediante el ejemplo de dos niños sentados en el regazo de un adulto. Cuando el niño está sentado en nuestro regazo y es acunado allí, se siente muy seguro y cómodo; pero en algún momento le entra el deseo de salir al mundo para descubrir y explorar. Esto es el principio del deseo. Entonces le decimos al niño: «El mundo es un gran lugar. Ve por él. Hay mucha diversión ahí fuera». Ante ello, el niño se dispondrá a descubrir y a buscar lo que desea, mientras se puede dar la vuelta y experimentar conexión y separación al mismo tiempo. Puede ir con su imaginación, con su cuerpo, disfrutando su alegría, sabiendo todo el tiempo que habrá alguien cuando regrese.

¿Cuántas veces se le dice a una niña: «Ve, descubre el mundo, es muy grande y no te va a pasar nada. No hay peligros en el mundo, sigue tu impulso y descubre»? Nunca, pocas veces. Primero, porque se nos educa para cuidar a otros y, después, porque no sería real pues si la mujer no depende de alguien, no se la valora.

Otra posibilidad es que el adulto le dijese al niño: «Me preocupa. Estoy ansioso. Estoy deprimido. Mi pareja no ha cuidado de mí en tanto tiempo. ¿Qué hay tan bueno ahí fuera para que vayas? ¿No tenemos todo lo que necesitamos juntos, tú y yo?». Entonces, el niño reacciona de una manera que todos sa-

---

[138] Perel, «El secreto del deseo en una relación a largo plazo», *op. cit.*

bemos: vuelve y renuncia a una parte de sí mismo para no perder al otro. Se dice: «Perderé mi libertad para no perder la conexión, aprenderé a amar de una cierta manera que vendrá cargada de preocupación añadida, de responsabilidad y protección adicionales». Y el niño no sabrá cómo dejar al adulto para jugar, para experimentar placer con el fin de descubrirse y entrar dentro de él. ¿Cómo afecta esto a un adulto? Desde muy joven y hasta el final de su vida sexual, llevará sobre los hombros el siguiente peso: «Si me voy a explorar, ¿vas a estar allí cuando vuelva? ¿Vas a maldecirme? ¿Vas a regañarme? ¿Vas a estar enojado conmigo?». Sí, nos vamos, pero nunca estamos muy lejos.

Al comenzar una relación sexual somos muy ardientes porque la intimidad aún no es tan fuerte como para provocar una disminución del deseo, pero cuando la relación avanza, cuanto más conectados estamos, nos sentimos más responsables y menos capaces de alejarnos de la presencia del otro. Es decir, se nos despierta menos deseo sexual.

Este es el patrón más habitual en las mujeres, que reciben un mensaje alto y claro: «no puedes estar lejos de mí ni desvincularte, necesitas depender de alguien, no seas demasiado autónoma, no muestres demasiada iniciativa». Por eso muchas mujeres sienten deseo al principio de una relación y después lo pierden. Como describimos en la construcción social de la mujer, el patrón de castración del deseo se enseña desde el principio, desde la más tierna infancia:

> Los actos relacionados con el sexo son en sí mismo formas de indagación, como deja patente el antiguo eufemismo «conocimiento carnal»; es exactamente el elemento de búsqueda de su sexualidad lo que se le enseña a negar a la mujer, se le enseña a negarlo desde la primera infancia en adelante, no solo en sus contactos sexuales, sino en todos sus contactos (pues, de un modo subliminal, la conexión queda clara), de manera que cuando adquiere conciencia

de su sexo, la fuerza de la inercia del patrón es suficiente como para que éste prevalezca sobre nuevas formas de deseo y curiosidad. Esta es la condición que designa el término *mujer eunuco*.[139]

Esta es la vivencia de una mujer que ha vivido una transformación de su deseo tomando conciencia de sus necesidades personales a través de un trabajo corporal y de meditación:

> Para mí, ver la sexualidad fuera del contexto romántico de la pareja no era factible. Yo he puesto en el mismo paquete el afecto, el sexo y el amor. Esto ha conllevado que en el transcurso de mi vida siempre me ocurriera lo mismo: comenzaba una relación, era muy pasional al comienzo y en unos pocos años me enfriaba... Y entonces el «amor iba desapareciendo». Al principio creía que era problema de la pareja, luego me convencí de que se trataba de mí y pensé que, sexualmente, tenía algún problema. Esto me llevó a vivir sola, y me sentía muy bien, creyendo que ese estar bien era serenidad hasta que descubrí que esa soledad era una protección para no enfrentarme al mundo de las relaciones, donde mi sexualidad iba a volver de nuevo a un primer plano. Ahora, a mis cincuenta y cinco años y gracias a unos trabajos con meditaciones, respiraciones y masajes donde lo importante era sencillamente el contacto, he podido darme cuenta de que mi cuerpo estaba rígido, que no dejaba que nadie se me acercara porque yo no podía sostener mi vulnerabilidad, ver mi necesidad de ternura. Y ahora que puedo sostenerlo, siento realmente un bienestar interno, de plenitud y serenidad. Siento el calorcito interno que produce sentir el amor hacia mí misma. Esto no tiene nada que ver con la soledad desde la reclusión, donde el corazón no lo sentía. He pensado: «¿Cómo habría sido mi vida si hubiese diferenciado la sexualidad del amor, de los afectos y me hubiera permitido vivirlo separada-

---

[139] Greer, *op. cit.*, pp. 91-92.

mente?». No puedo contestar a esta pregunta porque realmente no lo hice. Solo sé que, si en vez de creer en el romanticismo hubiera aceptado cuáles eran mis necesidades y no las hubiese censurado, habría evitado mucho sufrimiento tanto para mí como para mis parejas. Habría mantenido relaciones sexuales sabiendo que únicamente eran eso: relaciones sexuales.

En definitiva, este relato puede servir de ejemplo para ver cómo el deseo sexual independizado del amor permite a la persona reconocerse como individuo y se alimenta desde el amor hacia uno mismo.

VII.
¿QUÉ PROPONGO?

Si damos por supuesto que los hombres tienen más espacio en el cerebro para dedicarlo al sexo y que las mujeres lo dedican a la emoción, en este momento todo el mundo en nuestra cultura tiene la idea —y la acepta— de que el hombre debe desarrollar su parte emocional para no estar centrado exclusivamente en la sexualidad. En cambio, nadie opina que valdría la pena que las mujeres, centradas en la emoción, desarrollaran su parte más sexual de manera independiente a las emociones. Esto es lo que propongo, algo que las mujeres no se permiten aún: poder vivir la sexualidad y, ya que sabemos que tenemos un deseo sexual potente y una enorme plasticidad en este campo de forma independiente, atrevernos a investigar, jugar, explorar y curiosear en este ámbito. Permitirnos desarrollar más la capacidad de mantener contacto físico, de conocer la sensualidad, de sentir la expansión sensorial del placer a través del tacto.

Para que haya deseo auténtico es necesario estar conectado con uno mismo en presencia del otro sin estar pendiente de los demás, algo que a la mujer, cuya identidad se define como cuidadora, le resulta muy difícil. La mujer necesita desconectar el neocórtex para alcanzar el orgasmo. Dejar de pensar y conectarse con el instinto. Se trata de un proceso hacia lo nuevo y desconocido partiendo del yo y del propio cuerpo:

El deseo es una tensión que, por definición, tiende hacia lo nuevo, lo lejano, lo alto, lo desconocido, con la esperanza de una realización, una completitud de sí. Esa tensión es, a la vez, una llamada que nos hace ir adelante y una propulsión que nos impulsa a avanzar. Es estar poseídos y contenidos por nuestro espíritu. Si no hay descubrimiento en perspectiva, no se queda en lo mismo, no hay llamada y el deseo no se manifiesta.[140]

CÓMO CULMINAR EL PROCESO DE TRANSFORMACIÓN

Dado el marco en el que nos hemos educado, para llevar a cabo esta transformación se necesita un proceso de crecimiento personal que puede realizarse de muchas formas, e incluso la vida misma y las experiencias que esta trae consigo pueden llevarnos hasta él de manera natural. Nuestra propuesta radica sobre todo en cambiar la mirada con la que contemplamos el mundo y, lo que es más importante, la forma en que nos vemos a nosotras mismas. Propongo aprender a ser conscientes de lo que nos ocurre simplemente dándonos cuenta, responsabilizándonos de ello en el momento presente, en el aquí y ahora.[141] Esto implica escapar de los «deberías» y los juicios previos para simplemente darme cuenta de cómo soy y cómo hago las cosas, cuál es mi manera. Y sabiendo a la vez que es la única forma en que las puedo hacer, dado que soy como soy. Es importante estar en el presente, aquí y ahora, ya que es el único lugar en el que yo me puedo observar y puedo darme cuenta de lo que ocurre y a la vez cambiar la realidad. Conseguir desarrollar esta actitud de consciencia plena, opuesta a la actitud en la que vivimos desde la cultura patriarcal, que pone siempre la mirada en los objetivos y en los «deberías», puede llevarnos a una transformación que nos permita darnos cuenta de que nuestra manera de ver

---

[140] Flaumenbaum, *op. cit.*, p. 193.

[141] La terapia gestalt está más basada en la actitud que en la técnica y, desde mi punto de vista, propicia este cambio personal. La descripción de esta actitud ha sido desarrollada por Claudio Naranjo en diversos libros, como *La vieja y la novísima gestalt*, Santiago de Chile: Cuatro Vientos, 1989.

el mundo es solo una manera, nuestra manera particular. Una transformación que nos lleve a comprender que nuestra mapa de la realidad no es el territorio.

Desde la perspectiva humanista, la persona está constituida por tres partes: la mental, la emocional y la corporal. Insisto en que la sociedad actual solo valora la primera. Mi propuesta es la recuperación de la emocional y la corporal. Como ya dije, las mujeres están más identificadas con lo emocional, mientras que lo sensorial y lo corporal constituyen una parte de sí mismas por recuperar.

Esta conexión con el cuerpo solo es posible si se desarrolla cierta capacidad de interiorización, de modo que sea posible percibir este y sus sensaciones de forma habitual sin contemplarlos como una amenaza, confiando en que del cuerpo y de lo sensorial surge una fuente de fuerza y placer. En su libro *Ser mujer: un viaje heroico*, Murdock describe este periplo interior para recuperar nuestra feminidad genuina, una feminidad que hemos perdido a través de la cultura patriarcal, la cual nos ha hecho renegar y desidentificarnos de estos aspectos que conforman nuestra esencia. Según la autora, se trata de protagonizar un descenso a la conexión del alma con la feminidad sagrada:

> La Diosa nos enseña sobre corporalidad, es un arquetipo eterno de la psique humana y es parte de la misma «materia prima» de nuestro ser. [...] La tarea es, entonces, reivindicar las partes de una misma que eran ignoradas y desvalorizadas en la separación inicial de lo femenino. Es por eso que surgen muchos sentimientos en este proceso. Pienso que es una «llamada» y requiere que la mujer responda con consciencia a la invitación de crearse a sí misma de nuevo. A menudo se siente como un «autoembarazo», un periodo de gestación y espera creativa que lleva al renacimiento en un nivel más elevado.[142]

---

[142] Entrevista a Maureen Murdock, en *Sinergia*, n.º 20, septiembre-diciembre de 2013, p. 5.

Nuestra propuesta es realizar esta conexión con el cuerpo siempre bajo la actitud que hemos descrito anteriormente, dándonos cuenta simplemente, sin intentar cambiar nada, aceptando lo que hay. Esta interiorización es necesaria para recuperar este vínculo dado que nuestra cultura, de la que todos formamos parte, mantiene su atención constantemente en el exterior, en el afuera, y se caracteriza por ser totalmente audiovisual, nada cinestésica, falta de sensaciones.

Esta conexión con el cuerpo se da de forma espontánea en los pueblos indígenas que aún continúan vinculados estrechamente a la naturaleza. Cuando participan en experimentos para comprobar cómo el lenguaje incide sobre determinadas partes del cuerpo, se detecta, por ejemplo, que al nombrar la palabra «pierna» se origina automáticamente una reacción en el muslo. En las sociedades civilizadas, al mencionar una parte del cuerpo, esta no responde en la mayoría de los casos, es decir, la reacción no se produce. Esto es consecuencia de la separación de lo natural a la que nos ha condenado nuestra cultura, mientras que los indígenas no han negado su parte más corporal e instintiva.

Por tanto, para poder recuperar otra vez este enlace, necesitamos la interiorización, volcar la atención hacia dentro de modo que podamos reconectarnos a nuestras sensaciones. Solo si estamos vinculados con las sensaciones corporales, nos será accesible el deseo que forma parte de nosotros. En nuestra cultura la conexión con lo corporal es tan escasa que carecemos de un vocabulario amplio para hablar de las sensaciones. ¿Qué es una sensación? Es una percepción cinestésica simple de nuestro estado corporal. La sensaciones son frío, calor, presión, dolor, placer... En la medida en que tengamos capacidad de conectarnos y de percibir las señales que nos manda nuestro cuerpo, podremos también percibir nuestro deseo sexual. Los factores que ayudan a conectarnos corporalmente son el ritmo lento, los

VII. ¿QUÉ PROPONGO?

espacios de no acción, de contemplación... Pero lo más importante es afrontar el miedo a nuestras sensaciones.

Además de dedicar espacio a recuperar la sensación, necesitamos recuperar la movilidad corporal. Vivimos en una cultura supersedentaria en la que apenas usamos nuestro cuerpo. No estoy hablando de ir al gimnasio y hacer abdominales y pesas para cumplir el objetivo de tener un cuerpo estéticamente bonito como marcan los cánones. Me refiero a poner en contacto la conciencia con el cuerpo, a recuperar la regulación organísmica natural, es decir, la sabiduría del propio cuerpo para autorregularse. Pero esto solo es posible si siento las sensaciones corporales y a la vez permito que el movimiento natural deshaga la tensión en mi cuerpo. Para ello, tengo que ser consciente, estar en mi respiración y permitir que el movimiento salga sin control. Una vez hecha la conexión, puedo sentirme arraigada y conectada, con la ventaja de que el cuerpo no miente. Esto aporta mucha seguridad sobre lo que es sano para mí, sobre lo que es agradable o desagradable tal vez solo para mí.

A estas alturas de la historia las mujeres ya hemos demostrado todo lo que teníamos que demostrar, se trata ahora de dejarse en paz para disfrutar sin exigencias ni objetivos. Si eres una mujer sexual, ¡perfecto!, disfruta y experimenta. Si no sientes esa potencia sexual, ¡perfecto!, está muy bien. Lo importante es dejarse experimentar para descubrir de la manera más libre y auténtica posible qué papel juegan la sexualidad y el placer sexual en tu vida. Cuando luchas, lo haces contra una parte de ti misma, negándola en lugar de cuidarla. Cuidarse es conectarse con las necesidades del cuerpo mirando adentro y no afuera. Volver hacia dentro para sentirse y actuar desde allí, no desde las expectativas del otro o para complacer a los demás o guardar la imagen de lo que, se supone, es una «buena mujer». Esto significa romper la definición y el marco de lo que es y no es una mujer. Hay tantas definiciones de mujer como mujeres y, más que eso, porque cada una de ellas puede serlo de una forma diferente según la etapa de su vida en la que se encuentra. Ser mujer será una cosa para ti y, para mí, otra. Se trata de encontrar lo que necesito y darme el placer de conseguirlo. No consiste en ser egoísta, sino en que me merezco ser feliz porque, cuando lo soy, puedo dar a los demás de manera auténtica. Es entonces cuando verdaderamente tengo algo para compartir.

Buscar la conexión con el movimiento espontáneo del cuerpo es dejar que este realice aquellos movimientos que necesita para recuperar el bienestar, el equilibrio y la salud, como propone el katsugen. Nuestro cuerpo sabe qué tipo de movimientos requiere para estabilizarse después de haber sufrido periodos de estrés y de miedo, siempre que se le deje realizar esta conexión, que, aunque quizá no resulte agradable al principio, es la vía para conseguir una intensificación de las sensaciones placenteras. El orgasmo y el deseo vibran a mayor volumen y el cuerpo se vitaliza; es lo opuesto al decaimiento derivado de la medicalización que suele proponer nuestra cultura ante cualquier trastorno incómodo. Si queremos salir del racionalismo y alcanzar una nueva percepción de la realidad, este proceso de «purificación» es imprescindible.

Las catarsis que surgen de estos trabajos pueden asustar, de modo que, para superar este miedo, es primordial confiar en la capacidad natural de autorregulación corporal. Podemos vivir cualquier manifestación que no sea de bienestar o no esté dentro de la normalidad como algo que cambiar y evitar. Un resfriado puede significar que la musculatura por fin se ha relajado después de un largo periodo de tensión, por lo que no es algo negativo, sino un motivo de celebración a pesar de las molestias. La reconexión es la vuelta a la sensación, lo que no siempre significa un mayor placer inmediatamente.

El cuerpo, además de tener una estructura material, orgánica, está constituido por energía. Sobre todo las culturas orientales, y la japonesa en particular, hablan de la dimensión energética del cuerpo, a la que muchos llaman qi.[143] Esta dimensión no se tiene en cuenta en nuestra cultura porque solo se valora aquello que es mesurable y cuantificable. El cuerpo energético es muy importante en la autorregulación organísmica porque se bloquea, síntoma de ello son las tensiones musculares y las contracturas, y la energía corporal no fluye. La medicina oriental atribuye la aparición de la enfermedad al bloqueo energético continuado. El movimiento espontáneo del cuerpo permite recuperar el flujo energético. La sexualidad y el deseo no son más que energía. Por tanto, si nuestro cuerpo energético está bloqueado, tampoco podremos sentir el deseo sexual:

> [...] el desconocimiento de la dimensión energética de la sexualidad le da entonces una veta puramente mecánica. En lugar de crear una unión de los cuerpos de energía, los sexos no saben intercambiar su potencia vibratoria, lo que hace que el contacto frote y pueda calentar o quemar la vulva, o anestesiarla, cuando la mujer se ausenta de sí misma. La frustración que de ello resulta es tan grave como peligrosa, pues hace que los cuerpos del hombre y de la mujer se hallen encerrados en una «olla a presión», o peor: en una tumba. Ese cierre conduce a las mujeres a la histeria o a la inercia, y a los hombres, a la violencia o a la apatía.[144]

Este testimonio recoge cómo vivió su protagonista, una mujer, este proceso de recuperación de lo instintivo:

> En este proceso, no solo me ayudó el trabajo corporal, sino el hecho de experimentar con más de un hombre que se podía dis-

---

[143] Término, propio de la cultura china, que significa «flujo de energía vital».
[144] Flaumenbaum, *op. cit.*, p. 184.

frutar y buscar más de un orgasmo en cada relación sexual. He gozado tanto del sexo que he llegado a experimentar la sensación más primitiva e instintiva, que para mí ha sido la de solo desear ser *una hembra de mamífero* y que el único objetivo en la vida fuera buscar un macho que me folle. Esta sensación me costó mucho de admitir. En un primer momento me daba golpes en la cabeza para ver si me estaba volviendo loca. ¿Cómo era posible que yo, tan racional y capaz, solo deseara eso? Con el tiempo le fui cogiendo el gusto y pude aceptar que esta parte mía era placentera y muy agradable. No constituía todo mi yo, además de esto conservaba la racionalidad. Y más cuando en ese momento tenía una relación que satisfacía todos mis deseos y necesidades. Creo que fue gracias a esta relación, al hombre con el que estaba y a la sinergia que se daba entre los dos, que pude llegar a experimentar esa sensación.

Para recuperar la conexión con nuestro cuerpo y nuestra naturaleza es importante abordar, además de los aspectos corporales y energéticos, la emoción que se instala en el primero. Para llevarlo a cabo resultan muy útiles las técnicas que movilizan la energía del cuerpo a través del movimiento,[145] el baile y la música. Estos movimientos específicos consiguen la expresión de lo emocional que está encerrado en nuestro cuerpo y crea bloqueos. Los asuntos emocionales no resueltos se quedan en el cuerpo y, mediante el movimiento, pueden ser liberados, lo que ayuda a la relajación y a la fluidez corporal. Es también una forma de conectar con nuestro instinto y nuestras sensaciones, ya que permite la expresión de nuestro interior con el lenguaje del cuerpo.

Una herramienta para conseguirlo es el trabajo con los cha-

---

[145] Existen diversas técnicas, como las de Río Abierto, Centros de Energía, bioenergética, masajes y baile, entre otras, que permiten desbloquear la energía corporal.

VII. ¿QUÉ PROPONGO?

cras a través del movimiento. Para mí es importante mover la pelvis sin conectarse con lo emocional. Es decir, sin mover ni el centro medio ni el cardíaco. Así te colocas solo en el instinto y no interviene el amor romántico, únicamente el instinto. Porque nos han enseñado a justificar nuestra sexualidad con el romanticismo, algo que el hombre no tiene ninguna necesidad de hacer... y nosotras tampoco. En la construcción social de las relaciones de la mujer no existe el deseo, solo se habla del amor. Amor para cuidar del marido, para cuidar de los hijos... De nuevo, se está construyendo una mujer completamente irreal.

En resumen, es necesaria una reconexión de los aspectos corporales, energéticos y emocionales a través de la conciencia, de la actitud de darse cuenta descrita anteriormente. Tener un cuerpo flexible y distendido por el que circule la energía, con una actitud de aceptación de lo que pase, con la capacidad de abrirse a las sensaciones positivas es algo que nos puede proporcionar la plenitud y el goce. A través de este trabajo saldrá a la superficie nuestro verdadero instinto, que está guardado, oculto, y ha sido prohibido y tildado de peligroso. Así recuperaremos el goce, el placer y la alegría de vivir propios de un ser distendido, relajado, sin alertas. Podremos sentirnos parte de la naturaleza y, por tanto, unidos y a la vez llenos. Y eso nos puede devolver la identidad perdida al negar todos esos aspectos de nosotras mismas.

Cuando la mujer no lo siente o no lo consigue, la consecuencia es un corte, una escisión, de naturaleza energética:

> Se trata de una verdadera división, una separación entre lo alto y lo bajo de todo su ser, el espíritu y el cuerpo, los pensamientos y el corazón, el corazón y el sexo, el pensamiento y el deseo. Esas mujeres no llegan a sentirse plenas. No han podido tomar posesión de su integridad, ni establecer una unidad entre sus pensamientos en su cabeza, sus sentimientos en su corazón y las

sensaciones que genera su sexo. Así, no llegan a vivir su sexualidad como quisieran, y cuando están con un hombre, no logran sentir el goce que esperan.[146]

Cuando no nos bloqueamos, la sexualidad puede surgir de manera natural y tener un papel festivo, estructurante y regenerador, algo que como mujeres de siglo XXI nos cuesta experimentar a causa de esta desconexión. Para llegar a los aspectos gozosos, lúdicos y creativos de la sexualidad necesitamos, antes que nada, crearlos primero en nuestra imaginación. Según la PNL, no podemos llegar a ningún lugar si antes no hemos imaginado que podemos estar en él. Por tanto, necesitamos tener modelos de mujeres conectadas con su cuerpo, con su instinto, con capacidad de acción, mujeres que rebosen plenitud y satisfacción sexual, libres, independientes y con identidad propia; modelos que podamos recrear e imaginar, cosa que la cultura patriarcal no nos proporciona. Nos faltan modelos de mujer que nos den valor, el necesario para poder ir hacia el otro, desarrollarnos en el mundo y convertirnos en mujeres deseantes. Valor para sentirnos con el derecho de validar nuestro deseo teniendo como referencia un modelo positivo que encontramos en los arquetipos de las diosas femeninas.

En respuesta a esta necesidad de recuperar modelos de mujeres deseantes y a la vez con una dimensión divina han aparecido obras como las de Whitmont, Murdock y Bolen, libros que me marcaron profundamente en los años noventa y que no es extraño que hayan tenido una buena acogida. A partir de ellos creamos, junto a la psicoterapeuta Carmen Vázquez Fernández, unos talleres de recuperación de lo femenino en los que desarrollamos, a partir de un modelo recogido por Whitmont, un trabajo de recuperación de estos mitos, que veremos a con-

---

[146] Flaumenbaum, *op. cit.*, p. 170..

tinuación. En nuestro trabajo hablábamos de cuatro arquetipos de mujer. Por su parte, Whitmont despenalizaba lo femenino y aseguraba que dentro de cada persona existen dos aspectos, lo masculino y lo femenino, y ambos son necesarios. Cada persona, sea hombre o mujer, posee una parte masculina y otra femenina al igual que cada cerebro posee dos hemisferios.

Existen tres arquetipos de mujer —dado que el cuarto es el único aceptado— que facilitan la recuperación del instinto y su naturaleza auténtica y, así, que dejemos de identificarnos solo con la parte socialmente aceptada, devolviéndonos nuestra riqueza y potencial naturales expropiados por la cultura. A la mujer se le niega su capacidad de agredir, su fuerza, su sexualidad y su intuición... como si ella no tuviera una parte del cerebro reptiliano que posee el resto de los mamíferos.

Al primer aspecto lo llamamos la fuerza, y en él poníamos a Atenea, Artemisa y otras diosas griegas guerreras, a las que Bolen define como deidades vírgenes, independientes, autónomas y que realizan lo que desean. Defienden lo que quieren y lo que es suyo. Esto no pasa necesariamente por la violencia, sino por la asertividad, por la confianza en ellas mismas y la firmeza de sus decisiones. La mujer es capaz de defender sus derechos, su merecimiento, su valor y sabe lo que necesita y es bueno o malo para ella. Es capaz de penetrar en el otro y de actuar en el mundo transformándolo. Esta faceta de la mujer es una de las más castigadas por el constructo social derivado del patriarcado, que no deja a la mujer lograr lo que desea. Prefiere a aquella que posterga su deseo en favor del deseo de los demás para reforzar su imagen buena y generosa. El movimiento de fuerza de esta mujer es lineal, focalizado y apolíneo. Este aspecto se relaciona con la emoción de la agresividad y con el primer chacra corporal, que corresponde al centro bajo, el responsable de conectarnos con la tierra, la rabia, la capacidad de poner límites y de defender nuestro territorio.

El segundo aspecto, la alegría, está unido al concepto de mujer «virgen» que hemos explicado anteriormente. Este arquetipo corresponde a las diosas alquímicas como Afrodita, diosa de la belleza y del amor. En ella están el juego, la seducción, el gozo y el placer. Es un movimiento redondo y voluptuoso. Es la mujer apasionada, sensual, fascinante... Es la capacidad de seducción y de sentir el placer. Afrodita fue la diosa que mantuvo más relaciones sexuales, pero no fue ni vulnerable ni guerrera. No fue víctima de una relación, su deseo fue recíproco y mantenía relaciones que eran satisfactorias y nutritivas para ella, pero sin demasiado compromiso a lo largo del tiempo. Los demás no pueden apartarla de lo que desea y despierta una atracción magnética. Este aspecto es muy castigado en nuestra cultura ya que a las mujeres que lo muestran se las tacha de putas, ninfómanas, ligeras de cascos... Este aspecto define a la mujer «virgen», la que expresa libremente su sexualidad sin la ley del hombre. Correspondería al segundo chacra, el lumbo-sacro, y a la manifestación de la alegría. Mover este chacra también nos conecta con el deseo y despierta nuestra sexualidad.

La transformación corresponde al tercer arquetipo, representado por las diosas «brujas» como Hestia, protectora del hogar y del fuego, y Perséfone, que pasa tres cuartos del año entre los vivos y el resto con los muertos del mundo subterráneo gobernado por Hades. A través del mito de Perséfone se explica la estación del invierno en la Tierra, el momento en que ella se encuentra en el inframundo. Se podría definir como la capacidad de estar en el caos, en el abismo, en la no acción, en el vacío. Esta diosa es intuitiva, mágica. Se sitúa en lo oculto, en lo interno, en el silencio. Posee el mismo significado que las cartas de la Luna y la Sacerdotisa en el tarot, que desprenden el misterio de lo oculto y de la muerte, el inconsciente. Esta mujer poderosa, que despierta miedo entre los hombres, ilustra el tipo

… más rechazado y perseguido durante la Edad Media, y la Iglesia se ocupó de quemar a todas las brujas, sanadoras y herboristas. Tiene una capacidad transformadora y una fuerza interna que le permite transitar el caos. Bolen explica cómo esta mujer transforma el fuego y tiene la capacidad de sanar. Corresponde al chacra medio, situado en el vientre, la parte más visceral del cuerpo, y manifiesta emociones igualmente viscerales entre las que está la tristeza.

El cuarto arquetipo es la entrega, por ejemplo, de la madre al cuidado de los hijos. Bolen llama vulnerables a estas divinidades, representadas por Hera, protectora del matrimonio, y Deméter, la diosa madre, asociada a la agricultura y la nutrición. Son las que se dan al otro y se sacrifican por él anteponiendo el deseo de este al suyo. Poseen la capacidad de escuchar, de dar, de ver al otro, de cuidarlo. Expresan bondad, altruismo y entrega. Es el arquetipo que más se permite en nuestra sociedad actual y, como mujeres, se nos obliga a permanecer en él como si no tuviéramos derecho a identificarnos con otros aspectos del ser mujer y perdiendo así la riqueza que pueden darnos los otros tres.

La mujer no puede olvidar que tiene estos cuatro arquetipos en ella y que se necesitan entre sí para alcanzar la plenitud y también para ejercer la entrega de manera real. Llegar a la auténtica entrega solo es posible si antes también se vive la fuerza. Nos queda abrazar los tres que se han rechazado en el constructo patriarcal, que han quedado fuera de la definición de «femenino». La autoestima auténtica es mantener el amor hacia nosotras mismas, aunque los otros no lo hagan, y aceptar estas partes negadas.

El deseo en la nueva mujer

Cuando la mujer puede ser ella misma, está a punto para el encuentro con el objeto de su deseo, que puede ser un hombre u otra mujer. He aquí la vivencia de deseo sexual de una mujer que experimenta la sexualidad plenamente y después de haber realizado un proceso personal de crecimiento y desarrollo de la conciencia:

> Veo dos maneras claras de vivir el deseo sexual. La primera resulta más orgánica y comienza «desde dentro». Siento alegría, me siento viva, como si dentro de mi cuerpo una hoguera se fuera encendiendo sin prisa y sin pausa. Me excita la luz tenue, donde puedo adivinar y sentir. Dilatándome, esculpiendo las formas, que esculpen las mías... Siento el latido placentero de mi vagina. Es una sensación muy placentera y diría que difícil de controlar, sobre todo cuando este escalofrio llega a mi piel, al exterior. Cualquier zona que me toco es puro éxtasis sin orgasmo. Los pechos son la zona que más me excita, los míos y los del otro, pero sin duda es en toda la piel donde siento esa calidez escalofriante e irresistible. Entonces mis fantasías se despiertan.
> Si esta sensación aparece cuando no puedo satisfacerla, me estimulo directamente los genitales. Pero cuando estoy sola o en compañía y además tengo tiempo... El viaje puede durar horas. Me encanta sentir como mis genitales están cada vez más dilatados. Aquí el tamaño del pene se hace muy importante, aunque puedo tener diferentes intensidades de orgasmo sin penetración. Necesito llegar a un orgasmo donde me siento llena en mi vagina y fundida con el otro. Eso es llegar al máximo éxtasis. Si estoy sola, imagino cómo seria sentir diferentes tamaños, formas, texturas y cualquier cosa que se me ocurra. Si estoy en compañía, depende mucho de lo que pone el otro. Y no hablo solo del tamaño de los genitales, sino también del olor y el tacto.
> Hay otra forma de vivir el sexo más desde la empatía, más «desde fuera». El viaje es muy parecido, solo cambia la dirección. Las únicas diferencias: no estoy excitada y el otro me excita. Y sobre todo me excita muchísimo el olor del otro. Es decir, desde el aroma y la imagen y desde la piel hacia dentro.

VII. ¿QUÉ PROPONGO?

Estas vivencias describen cómo el deseo surge sobre todo del interior de una misma y se puede satisfacer con otro o en solitario. A la vez, el deseo puede despertarse con el otro y los estímulos que de él nos llegan. El deseo es tuyo, independientemente del objeto que lo despierte. No lo olvides: el deseo es tuyo y está en ti.

UNA VEZ DESPERTADO EL DESEO,
¿CÓMO LLEGAMOS AL GOCE?

Para referirse a la mujer todopoderosa que cree que no necesita a nadie, el paradigma de la mujer actual en muchos casos, Woodman hace referencia a la Gran Madre:

> Mientras las mujeres se mantengan protegidas por cinturones de castidad que impiden la posibilidad de penetración del falo (ya sea físico o espiritual), deben responsabilizarse por el matriarcado basado en el principio de poder, que produce un patriarcado adolescente. Hasta que las mujeres dejen de identificarse con el poder de la Gran Madre, ni ellas ni sus compañeros masculinos podrán ser libres.[147]

Pero si las mujeres nos quedamos solo con el deseo y no vamos al encuentro del otro, no hay ninguna posibilidad de disfrutar. Vamos a ser muy poderosas y muy insatisfechas. Vamos a continuar en la cultura patriarcal que establece relaciones de poder en lugar de relaciones de igual a igual y de cooperación. Responsabilizarse del deseo es lo primero para ir a la búsqueda de lo deseado. Aquí no hacemos distinciones en función de a quién se dirige el deseo, sea del mismo sexo o del contrario, y cuando hablamos de falo, nos referimos a la capacidad de abrirse al otro, que puede ser también una mujer. Como dije en

---

[147] Woodman, *Adicción a la perfección*, op. cit., p. 287.

un capítulo anterior, solo si uno se rinde puede encontrarse con el otro. Para rendirse se necesita tener una identidad propia y sentirse completo y darse valor como persona.

Woodman interpreta, en las líneas siguientes, el sueño de una de sus pacientes que explicita la experiencia de estar en el presente y de rendirse, el paso previo para encontrarse con el otro. Para llegar aquí hay que haber recorrido el camino de dejarse experimentar, de tener el cuerpo suelto y abierto:

> Por primera vez en su vida fue capaz de relajar el cuerpo y abrirse a lo que la vida pudiese llevarle. Fue capaz de permitirse jugar. El ser se transformó en la exquisita belleza de los ciruelos en primavera, en la fragancia de la hierba húmeda, en el canto de un petirrojo al amanecer. Al haber experimentado y honrado su cuerpo como nunca antes, fue capaz de aceptar con cierta ecuanimidad lo que de la otra manera habría sido un golpe aplastante. Lo que la sustentaba era el «conocimiento», el traslado desde el imperio transitorio y personal —al que tan diligentemente había tratado de controlar— al amor transpersonal y eterno al que se rindió. Cuando se despertó, en un cuerpo estaba la experiencia de la rendición; temporalmente había desaparecido la armadura contra el mundo; sus cinco sentidos eran cinco portales a través de los cuales podía fluir la vida hacia su interior, de manera que podía experimentar conscientemente el mundo visible y el amor que impregnaba a este y penetraba en ella como parte de esa totalidad. La muerte era parte de ese mundo, una parte solemne de un esquema mayor. La paloma, el Espíritu Santo, Sofía, el lado femenino de Cristo: sea cual sea el nombre que utilicemos, es amor que abre cuerpo y alma a lo eterno. En el lenguaje psicológico, es la conexión entre los instintos y las imágenes arquetípicas (la energía del cuerpo que se libera dentro del espíritu que lo ilumina) la que produce la armonía.[148]

---

[148] Ídem, p. 270.

VII. ¿QUÉ PROPONGO?

Tras describir este proceso de valorización, en esta cita se habla de cómo nuestro espíritu puede expresarse. Esto es posible cuando la mente se rinde y simplemente observa lo que está ocurriendo, mientras el cuerpo físico distendido, el cuerpo energético fluido, no tiene traumas ni bloqueos emocionales pendientes. Ahí el espíritu puede cumplir la misión que ha venido a realizar.

A continuación, Woodman narra la vivencia de una mujer que ha realizado todo un proceso hasta llegar a descubrir el tipo de goce y sexualidad del que estamos hablando. Es la descripción de una transformación muy bella:

> La relación que tengo hoy con mi sexualidad es una relación de reconciliación después de una vida de indiferencia a esa parte de mi cuerpo que sufrió y permaneció dormida. Enamoramiento, inocencia, sorpresa y alegría. En la actualidad vivo la sexualidad desde la apertura, el goce y la confianza, una sensación de constante sorpresa al ir descubriendo la enorme capacidad de goce en cada encuentro íntimo. Junto al goce aparecen en ocasiones diversas emociones como la rabia, la ira, el miedo, el agradecimiento, el amor y la ternura que, aún viviéndolos, no dejan de sorprenderme. Vivo una constante sanación que, solo acompañada de placer, respeto y cuidado, soy capaz de transitar. Desde lo emocional, desde lo sensorial, mi diafragma vibra como si fueran descargas que a día de hoy siento que forman parte de una vivencia antigua de dolor y miedo. En ocasiones es pura intuición, en otras aparecen imágenes en mi memoria jamás recordadas anteriormente que me proporcionan comprensiones del dolor vivido en abusos sexuales de mi infancia. Llegar a donde me encuentro actualmente con respecto al sexo ha sido un tránsito de más de una década de puro compromiso conmigo misma basado en la necesidad de confiar, en la fe profunda en la vida y la entrega consciente del momento presente. Solo de esta forma puedo sumer-

girme en la incógnita de lo que me trae la sexualidad cuando la vivo. Sentirme amada y respetada, reconocer la Diosa que hay en mí en la mirada de mi pareja me da una fuerza jamás experimentada anteriormente que me impulsa a transitar lo que sea que aparezca en cada encuentro. Esta vivencia me ancla, me arraiga y me da seguridad. Aprendo a transitar el placer desde un acto de coraje. ¡Aprendo que la sexualidad es pura vida!

Todo este proceso no se da de una manera natural sin no hay un compromiso con uno mismo tal y como le ha ocurrido a esta persona que nos narra su experiencia. Desde una perspectiva patriarcal, sus palabras podrían explicarse desde el hecho que ella ha encontrado a su príncipe azul. Pero si una persona no es capaz de rendirse a sus sensaciones por mucho que se encuentre con otro no llegará a vivir con plenitud esta relación. En efecto, la sexualidad es pura vida. Conectarse con ella es conectarse con el goce y el placer que te proporcionan fuerza para fluir ante la adversidad. Conectarse con el cuerpo y con la sexualidad es fundirse con lo que hay: puede ser que haya dolor y puede ser que haya goce. Pero anular uno de los dos significa aniquilar al otro, adormecer a uno de los dos es anestesiar al otro. Estar vivo significa tener el coraje de vivir ambos lados de la vida.

Después de unas cuantas sesiones de trabajo corporal, un hombre que formaba parte de uno de los grupos comenzó a quejarse:

—Ahora siento mucho más las emociones. Me entero mucho cuando tengo miedo...

—También debes sentir más el placer —le respondí. Él sonrió y dijo:

—Sí, es verdad.

VII. ¿QUÉ PROPONGO?

LA IMPORTANCIA DE PERDER EL MIEDO

Si el cuerpo se está protegiendo, no puede crecer. Por tanto, para realizar este cambio es necesario perder el miedo y mantener una actitud abierta y amorosa hacia uno mismo, respetando lo que se experimenta y saliendo de la zona de seguridad para correr riesgos. Sin riesgo, no hay posibilidad de cambio. ¿Qué significa correr riesgos? Implica salir de la zona de confort para atreverse a realizar algo diferente y así llegar a algo distinto. Hay un presupuesto de la PNL que asegura que ante las mismas acciones se obtendrán los mismos resultados, pero que las acciones diferentes tendrán resultados diferentes. Para algunas personas perder el miedo significa pasar a la acción y atreverse a decir cosas que habitualmente no dicen ni hacen; en cambio, para otras, el reto es detenerse y escucharse en el sentido de conectarse con la vulnerabilidad. Y, a partir de ahí, cada una de ellas debe buscar la manera de cuidarse. Vivimos en una cultura del miedo donde se valora el control. Sin embargo, para que pueda producirse un cambio real, es necesario pasar por una fase de descontrol y atravesar momentos de confusión en que los viejos esquemas no sirven y los nuevos todavía no están instaurados. Muchas veces para que esto ocurra es necesaria una catarsis en la que aparezca todo lo que hemos estado controlando. Según el antropólogo catalán Josep Maria Fericgla, en muchas culturas existe un espacio ritual para la catarsis, algo de lo que la nuestra carece al haber excluido a Dionisos de nuestra parte divina.

Vencer el miedo es atreverse a transitar por un espacio desconocido, a romper hábitos y a mantener actitudes distintas de las que uno ha tenido hasta el momento. Vencer el miedo es abrirse a lo amoroso, a la cooperación y a la integración en lugar de a la competencia, la desigualdad y la relación perpetrador-víctima que nuestra cultura patriarcal propicia. Se trata de atreverse a entrar en un lugar en que el amor nos abre a un plano superior de conciencia. Es perder el miedo a gozar.

Cuando toda la energía que se destinaba a otorgar un enorme poder a la falsa diosa se concentra donde realmente debe estar, se recupera la vida. Así se comienza una nueva etapa de salud espiritual y vida espiritual. El dolor de la transformación es física y psíquicamente real, pero solo la intensidad del fuego puede unir el cuerpo y el alma. Es un proceso de creación del alma. Esto no se reconoce al comienzo, sino al fin del proceso. El cuerpo es el grano de arena que da origen a la perla.[149]

Esta transformación puede llevar a romper los esquemas establecidos como la monogamia, el príncipe azul, el amor romántico, el estar con un solo hombre durante toda la vida, la heterosexualidad, la fidelidad... todos acaban convirtiéndose a menudo en limitaciones para la expresión de una misma. Por ello hay que atreverse.

Más que la interminable guerra de sexos o la rígida adhesión a un concepto de la familia humana que, de entrada, nunca fue cierto, lo que nos hace falta es reconciliarnos con las verdades de la sexualidad humana. Quizás esto suponga improvisar nuevas configuraciones familiares. Quizás exista más respaldo comunitario a las madres solteras y a sus hijos. O quizás signifique solo que debemos aprender a ajustar nuestras expectativas relativas a la fidelidad sexual. Pero de algo podemos estar seguros: la negación vehemente, los inflexibles dictados religiosos o legales y los rituales medievales de lapidaciones en el desierto se han demostrado impotentes contra nuestras preferencias prehistóricas.[150]

Tenemos miles de ejemplos de que la aceptación de la estructura patriarcal sobre cómo tienen que ser las relaciones

---

[149] Woodman, *Los frutos de la virginidad*, *op. cit.*, p. 216.
[150] Ryan y Jethá, *op. cit.*, p. 369.

VII. ¿QUÉ PROPONGO?

hombre-mujer resultan opresivas, tanto para uno como para otro. Muchas, como la mujer del testimonio siguiente, acaban saliéndose del modelo monogámico y heterosexual para poder encontrar una sexualidad más adecuada a cómo son las personas:

> A los veintidós años, después de que mi futuro marido insistiera, perdí mi virginidad. En la víspera de mi boda supe que él era bisexual y me contagió una enfermedad sexual después de haber estado con un trasvesti. Durante mi matrimonio tuve una vida sexual llena de opresión, sin nada de placer y siendo invalidada como mujer. De hecho, mi vida sexual auténtica se inicia después de romper este matrimonio en el que no tenía ni excitación, ni permiso para el orgasmo como autocastigo.

Ryan y Jethá, en su libro *En el principio era el sexo*, recogen las declaraciones de un político estadounidense casado a quien se le descubrió una amante. Explicó que su esposa lo sabía. Y al ser preguntado sobre qué era la fidelidad, respondió:

> La fidelidad es la clase de sinceridad que tienes con tu pareja. Qué clase de confianza tienes, si está basada en la verdad y en la sinceridad. En mi familia hemos discutido el tema largo y tendido, y hemos tratado de llegar a comprender cuáles son nuestros sentimientos y cuáles nuestras necesidades, y de solucionar nuestros problemas con esta clase de fidelidad.[151]

La transformación que propongo puede traer de la mano la necesidad de modificar conceptos como el de fidelidad y los modelos de relación establecidos. Estoy de acuerdo con Despentes cuando afirma que la auténtica liberación de la mujer pasa por

---

[151] Ídem, p. 370.

un cambio más radical que implica a toda la sociedad. Esta transformación de la mujer para que pueda mostrar toda su fuerza innata es una aventura colectiva y, obviamente, concierne a las mujeres, pero también a los hombres:

> El feminismo es una aventura colectiva, para las mujeres, pero también para los hombres y también para todos los demás. La revolución ya ha comenzado. Una visión del mundo, una opción. No se trata de oponer las pequeñas ventajas de las mujeres a los pequeños derechos adquiridos de los hombres, sino de dinamitarlo todo.[152]

RELACIÓN ENTRE SEXUALIDAD Y ESPIRITUALIDAD

Incluso en el cristianismo se reconoce la importancia de la relación entre la espiritualidad y la sexualidad, que se plasma simbólicamente en la diosa negra. Según Woodman, está representada por la Virgen de Montserrat, hallada hacia el año 880 y conservada en un monasterio benedictino de la provincia de Barcelona. Los monjes sintieron que la escarpada montaña de Montserrat, profusamente cubierta de flores, era la imagen de la Virgen. Refiriéndose a este santuario, la escritora británica Marina Warner expone:

> Aunque María ofrece una fuente de inspiración para el más férreo ascetismo, también es el símbolo más importante de fertilidad. La montaña florece espontáneamente; lo mismo ocurre con la virgen que se convierte en madre. La antigua interpretación de la luna y la serpiente como atributos divinos subsiste aún en santuarios como el de Montserrat, porque allí se la venera como una fuente de fertilidad y de alegría... La Virgen de Montserrat es, ante todo, la patrona del matrimonio y el sexo, del embarazo y del nacimiento.[153]

---

[152] Despentes, *op. cit.*, p. 121.
[153] Cit. en Woodman, *Los frutos de la virginidad*, *op. cit.*, p. 216.

Esta virgen tiene dimensión no solo divina, sino también humana. Ha salido de entre las llamas con una inmensa capacidad de amor y comprensión. Representa todo aquello que perdió la virgen en el Nuevo Testamento, su parte más conectada con el cuerpo y su humanidad. Y con ello despierta a su vez un amor de una singular intensidad.

Cuando perdemos la conexión con lo más grande, con la espiritualidad —que es una necesidad del ser humano—, el vacío nos invade y es el origen de adicciones de distinto tipo. Buscamos llenar ese vacío e insatisfacción de diversas maneras, una de ellas mediante la comida. Sin embargo, como explica Woodman, esto se puede superar:

> Si la mujer puede relacionarse con la virgen negra, también puede sentir cómo se le revela su cuerpo ante la muerte física y cómo trata de dar a su alma una oportunidad de vivir. Si puede sentir en sus entrañas como el instinto trata de sobrevivir, puede ponerse en contacto con el aspecto positivo de la madre, con la energía positiva de la virgen negra. Cuando esto ocurre, deja de privarse de alimentos o de comer en exceso —castigo o compensación— y la madre positiva comienza a dar a su hija hambrienta alimentos materiales y espirituales.[154]

Se consigue aceptando el placer como energía divina y cambiando la mentalidad. Esto solo se puede alcanzar tras un proceso que tiene como primer paso la conexión con el cuerpo y el instinto; seguido de un trabajo corporal, emocional y mental que puede resultar en la preciosa unión entre sexualidad y espiritualidad. En el texto siguiente se manifiesta el vínculo entre el sexo, la pasión y la construcción de un nosotros:

---

[154] Ídem, p. 222.

Siempre pensé que la mujer no podía separar su corazón de su sexualidad. Ahora creo que son el alma y la pasión las que no pueden estar separadas. Una mujer expresa su alma a través de su pasión sexual. Su pasión por la vida es su alma y esto es lo que su sexualidad manifiesta. Una mujer se entrega a la pasión en el momento en que cuerpo y alma son uno. Esto solo puede suceder con un hombre en el que, primero, confía y luego ama. Primero confía, porque es su alma lo que entrega cuando se abandona a la pasión. Si ama a un hombre y este coge su alma y se va, ella queda vacía. Pues, cuando una mujer hace el amor —no amor genital, sino la rendición de todo su ser—, se convierte a la vez en creadora y creación, y logra conocerse a sí misma como un alma viviente. Confiar, por tanto, es crucial para su esencia. La energía sexual y espiritual se entretejen durante la relación sexual y crean un tercero; no necesariamente dan a luz a una criatura física, pero sí a una criatura espiritual, a una relación. Es dentro de este tercero donde el hombre y la mujer llegan a conocer el yo soy. Este es el misterio... simple y profundo.[155]

Este testimonio habla de la relación entre sexualidad y espiritualidad, una relación que a lo largo de los siglos de patriarcado ha sido negada. Desde la cultura judeocristiana se separa el sexo de Dios cuando, en realidad, la sexualidad es la expresión de la vida y, por tanto, de Dios. En Occidente muchas personas mantienen relaciones sexuales con la esperanza de que sea el otro quien las lleve a conectar con lo más divino; sin embargo, lo más frecuente, es que el otro también busque lo mismo y ambos permanezcan encerrados en su ego y en el control. No hay rendición auténtica ni entrega, sino personas desconectadas de sí mismas y del espíritu.[156] Cuando hablamos de rendición

---

[155] Woodman, *Adicción a la perfección, op. cit.*, p. 282.
[156] Somé, *Enseñanzas africanas sobre el amor y la amistad, op. cit.*

VII. ¿QUÉ PROPONGO?

no queremos decir sumisión, sino mantener en el encuentro con el otro la identidad y el respeto hacia nosotros mismos, hacia nuestros deseos y apetencias, algo fundamental para conseguir que esta unión mutua constituya también una unión con el universo sin escisión y con plenitud.

TESTIMONIOS DE ESPIRITUALIDAD Y SEXUALIDAD

La escritora y sexóloga francesa Valérie Tasso, una de las narradoras actuales con mayor proyección internacional, dice en una de sus novelas:

> Muchas veces me han preguntado qué siento cuando hago el amor. Es como una mezcla de energía con la otra persona que me hace viajar y fundirme con el cosmos. La energía de mi orgasmo es una pequeña parte de mí que se va y acaba mezclándose con el universo. Es un viaje sideral que me lleva al infinito.[157]

En la misma línea, Woodman afirma que, cuando la mujer consigue su transformación, la sexualidad deja de estar centrada en los genitales y se difunde por todo el cuerpo, de modo que, poco a poco, «el microcosmos refleja el macrocosmos».[158]

Estos otros testimonios narran la experiencia de llegar a la espiritualidad a través de la sexualidad. El primero de ellos muestra cómo se puede producir una transformación más allá de tener una pareja o no:

> Inicié la terapia para resolver los problemas sexuales que sufría en mi matrimonio y que atribuía solo a algo mío, una creencia reforzada por mi marido. Este proceso terapéutico duró mucho tiempo, pero con un amigo descubrí que la sexualidad podía ser

---

[157] Tasso, Valérie. *Diario de una ninfómana*. Barcelona: Plaza & Janés, 2003.

[158] Woodman, *Adicción a la perfección, op. cit.*, p. 276.

fuente de placer. El trabajo sobre mí era un descubrimiento sobre el valor de la mujer y me fui soltando, experimentando otras formas de relación sexual y descubriendo un sexo maravilloso y placentero completamente integrado, hasta el punto de que sentí mi primera manifestación de la kundalini[159] como un rayo de luz líquida que recorría toda mi columna desde el coxis hasta la altura del corazón, dejándome cuatro horas en un estado de éxtasis de amor por la vida y por todo. En ese momento no sabía de qué se trataba. A partir de ese momento tuve distintos amantes y percibí que muy pocos hombres eran capaces de soportar el nivel de integración y coherencia que yo tenía. Me sentía completamente satisfecha y totalmente capaz sexualmente. El proceso kundalínico siguió su desarrollo, no solo por los encuentros sexuales, sino también por la meditación, los rituales de ayahuasca y también de manera espontánea. [...] Fueron cerca de quince años de evolución, de tal manera que hoy, a mis cincuenta y cinco, estoy entrando en la menopausia. En los periodos de menos manifestación de la kundalini he dejado de menstruar, y en los demás he vuelto a menstruar.

En el siguiente relato se incide en encontrar una unión con el otro que lleva del placer a la espiritualidad:

> El trabajo corporal me ha permitido entrar en el placer y quedarme para vivirlo plenamente en lugar de conformarme con un placer descafeinado. He aprendido a darme permiso para disfrutar. En la medida en que he ido trabajando el cuerpo, me han desaparecido los bloqueos y con ello mi sexualidad se ha transfor-

---

[159] En el marco del hinduismo, la kundalini es una energía invisible que reside en la zona del perineo y en la base de la columna vertebral y, cuando se despierta, sube hasta la coronilla. Para muchos es un portal hacia la elevación de nuestra conciencia, y cuando esta se produce, la persona entra en un estado de trance profundo en el que la conexión con el mundo espiritual se vuelve evidente. La práctica del yoga busca despertarla.

mado totalmente. Ahora es algo vivo y muy energético. En el orgasmo he llegado a sentir la energía del otro y cómo esta me atraviesa y se mezcla con la mía. Lo que siento cuando estoy haciendo el amor con otra persona es la unión sin diferencias, entro en la indiferenciación. Consigo la sensación de fundirme y crear entre los dos una sola persona. No hay distancia entre ambos: a la vez que siento, percibo lo que siente el otro. Yo puedo saber si el otro está experimentando placer y cuál es su nivel de excitación. Al mismo tiempo puedo compartir el placer de estar juntos y sentirme dentro del otro y el otro dentro de mí, sin poder diferenciarnos porque el placer me puede hacer sentir que somos algo más que dos personas... Llego a compartir algo más que lo físico, comparto lo energético, lo cual me permite entrar en una sensación de unidad, de ser una sola pieza en movimiento en la que no hay quién hace o deja de hacer, sino que nos convertimos en una fusión de sensaciones y movimientos que generan energía, dejándonos llevar por el universo y confundiéndonos con él. Es una sensación de plenitud que hace posible el placer del orgasmo. Puedo sentir que mi energía provoca el orgasmo del otro y el suyo provoca el mío, y por un instante podemos sentir que solo somos energía y placer sin ser cuerpos o individuos aislados. Para poder experimentar estas maravillas es necesario que el otro esté conmigo dispuesto a vivir la excitación y la fortaleza de penetrarme, para que yo lo pueda recibir dentro mío, en mi interior, para convertirnos en uno solo, fundirnos en una unidad. Necesito que el otro se entregue a su deseo y al gusto de la excitación, que no me deje sola. Necesito su fuerza para poder experimentar mi placer y el suyo al mismo tiempo. Necesito sentirme deseada para tener valor y experimentar la unión con el otro. Hace falta que por ambas partes haya entrega y amor, que el otro se entregue a mí y a su fuerza, y que yo haga lo mismo.

Esta mujer transformada necesita a su lado un hombre transformado que reúna como ella el valor de permitirse el goce, el placer y la entrega. Como dice Marion Woodman:

> Si los hombres no están preparados psicológicamente para una relación genuina con una mujer así, probablemente se sentirán amenazados, lo que suele manifestarse por medio de la furia, impotencia o indiferencia, este es otro asunto con el que nuestra cultura está empezando a enfrentarse. Pero, no obstante, a pesar de la angustia que pueda sobrevenir en las relaciones, las mujeres se sienten obligadas a pasar por esta revolución psíquica.[160]

LAS NUEVAS RELACIONES HOMBRE-MUJER

¿Por qué no se consigue resolver la violencia de género? ¿Cómo hemos enfocado la resolución de este tema? Estamos aplicando medidas a nivel cultural, político y social. En el ámbito político se están desarrollando leyes para frenar las agresiones contra la mujer; en el social, se busca y fomenta la igualdad entre el hombre y la mujer, aunque la mayoría de los anuncios aún son totalmente sexistas y en ellos la mujer es más objeto que sujeto; en el cultural también se está viviendo una importante evolución y cada vez es más aceptado que la mujer tiene derecho a la igualdad, a permitirse una sexualidad libre, con la que puede experimentar y mantener relaciones prematrimoniales.

Todo ello está muy bien, pero es un trabajo incompleto. ¿Qué falta? Nos queda intervenir a nivel individual o psicológico, algo que no se está llevando a cabo prácticamente. O, si se realiza alguna intervención, se hace solo desde un lado: el de la víctima. Ante la violencia de género, ¿cómo se está actuando? En primer lugar, castigando al hombre maltratador, al que se ve como único culpable de este drama. Y lo es: asesina a las mu-

---

[160] Woodman, *Adicción a la perfección, op. cit.*, p. 283.

jeres, las mata y debe ser castigado por ello. Sin embargo, a pesar de estas medidas, las muertes siguen aumentando. ¿Por qué? Porque antes había una relación complementaria entre el hombre y la mujer donde él dominaba y ella callaba; sin embargo, ahora, con las políticas que se están implementando y la evolución que experimentamos, la mujer reacciona de otra manera (se rebela, contesta...) y, ante la impotencia de no poder seguir ejerciendo su rol, el hombre solo sabe responder con más violencia.

Como decíamos, nos queda otro ámbito de actuación, el nivel individual o psicológico, desde el que creo que se podría resolver. ¿Cómo podríamos definir, en el plano psicológico, una relación en la que hay violencia de género? Es aquella en la que ambos se sienten vacíos y dependientes, no pueden sostenerse en su propia identidad y no existen si no es en referencia al otro, porque en realidad no se sienten suficientes. Las mujeres ponen la denuncia, primero, y luego la retiran, dado que no saben estar sin este vínculo con el otro, aunque se trate de un lazo patológico. Es mejor el dolor que el vacío. Y los hombres maltratadores necesitan dominar para sentirse ellos mismos.

Lo importante aquí es que este vacío se da en los dos, en el hombre y en la mujer. Hay una dependencia total entre ambos, en la que cada uno —él o ella— siente que no posee identidad sin el otro. Muchos maltratadores se suicidan después de haber matado a su víctima, a diferencia, por ejemplo, de los mafiosos que asesinan a alguien. ¿Por qué? Porque, sin ella, él no es nada, está vacío; si la pierde a ella, no existe. Por tanto, esto indica la existencia de un vínculo fuerte entre los dos. La posible salida es que ambos, de forma independiente, realicen un trabajo de crecimiento personal para llenar su vacío y, con ello, puedan llegar a desarrollar una identidad en la que cada uno sea alguien sin el otro. En definitiva, que ambos sean personas independientes, la base principal de una relación saludable. Esto es algo que se podría enseñar ya desde la escuela, dado que en la actualidad muchos jóvenes están estableciendo también este tipo de relación. De hecho, las estadísticas recogen que en el periodo 2011-2012 los procesos judiciales por violencia machista en adolescentes se incrementaron un 30 %, pasando de 473 a 632, según la Memoria de la Fiscalía General del Estado de 2013.[161]

La violencia de género es una consecuencia de las relaciones que el patriarcado establece entre el hombre y la mujer, unas relaciones basadas en la sumisión, el poder y la competencia. Es fácil que esta negación de nuestra naturaleza y de nuestra parte más instintiva que nos ha obligado a realizar el patriarcado nos lleve a sentirnos vacíos en una comunidad que no nos ofrece apoyo ni soporte. En una sociedad que ha creado un hombre con una ideología patriarcal que le impide aceptar cualquier debilidad, cualquier característica asociada culturalmente a lo femenino. El esfuerzo que este debe hacer para suprimir sus emociones y negar todas estas partes de sí mismo es inmenso y genera un enorme vacío y cansancio. Para llenarse, busca en la mujer estas partes rechazadas, y así vuelve a reproducir la ideología de dominador-dominado.

Es este vacío, tan propio del hombre como de la mujer, lo que lleva en la actualidad a ambos a esta insatisfacción en las relaciones que mantienen, una forma de relación en la que no existe una conexión con nosotros mismos y en la que lo sagrado tampoco tiene un papel.

Lo que buscamos con todo ello es romper las relaciones víctima-perpetrador propias del patriarcado y conseguir lo que se alcanza en la terapia: la integración de las polaridades enfrentadas, así como la integración de los hemisferios derecho e izquierdo para vivirnos como una unidad, no como un ser

---

[161] Sahuquillo, María R. «Víctimas del machismo a los 15». *El País*, 19 de octubre de 2013. <http://sociedad.elpais.com/sociedad/2013/10/19/actualidad/1382206109_621723.html>.

VII. ¿QUÉ PROPONGO?

escindido y en lucha. Cuando alcanzamos esta integración, sentimos un enorme bienestar y una inmensa armonía interior. De hecho, si el cuerpo está en orden, si está libre de bloqueos, puede abrirse a la sensación de unidad, al amor y a la espiritualidad, una espiritualidad que está en nosotros también biológicamente y que algunos autores sitúan en el lóbulo prefrontal del hemisferio izquierdo del cerebro.

Queremos llegar al punto en que ninguno de los dos sexos gobierne sobre el otro y en el que la toma de decisiones sea siempre consensuada entendiendo que los hombres y las mujeres se complementan. Si habíamos dicho que el patriarcado era el dominio del hemisferio izquierdo sobre el derecho, lo que proponemos es la sincronización de ambos, que se ha demostrado posible y da como resultado la posibilidad de estar más concentrados, más creativos, más enfocados, más relajados. Esta unión cerebral conlleva una expansión de la conciencia, que contrastaría con los síntomas que surgen de nuestro caos interior. Si es posible entre los hemisferios cerebrales, también puede lograrse en las relaciones hombre-mujer.

Nuestras relaciones no pueden basarse en la lucha por el poder, sino en el respeto mutuo. Esta nueva mujer necesita un nuevo hombre para relacionarse en plenitud. De la misma manera que reivindicamos la necesidad de recuperar el instinto y la agresividad, también tenemos que aprender a canalizarlos, lo cual no es sinónimo de control o represión. Tanto el hombre como la mujer, además de tener en cuenta su necesidad basada en el instinto y el deseo más primario, tendrán que ver al otro con todo su valor. En la terapia, cuando alguien está expresando su agresividad, puede hacerlo sin dañar al otro siempre y cuando siga manteniendo los ojos abiertos, mirándolo de frente, lo reconozca como otro y lo respete. Cuando dejamos de ver al ser que tenemos ante nosotros es cuando somos capaces de herirlo.

Hacia una nueva cultura a través de una nueva conciencia

> El árbol madre nunca interviene en los asuntos humanos, solo se ocupa de mantener el equilibrio de la vida.
>
> JAMES CAMERON, *Avatar*

Ha quedado claro que este modelo patriarcal dicotomiza la realidad. Sabemos que existen otros modelos y que este no es consustancial a la naturaleza humana, aunque así nos lo hayan hecho creer. Por eso proponemos un cambio posible, con una nueva estructura que comporte una nueva forma manera de vivir en todos los ámbitos. Debold[162] opina que es necesaria una transformación interna de la mujer para que pueda surgir una cultura en la que lo femenino y lo masculino vivan también una transformación. En el caso de las mujeres, añade, esta pasa por poder innovar de forma autónoma. Es decir, que la mujer pueda desarrollar la capacidad de crear por sí misma. Es lo opuesto a lo que ocurre hoy en día, pues las mujeres nos consideramos, en la mayoría de los casos, seres subordinados y dependientes de otros. Debold propone que una nueva conciencia e inteligencia plenas solo pueden desarrollarse si uno se siente un individuo libre y autónomo que no busca la reafirmación constante a través del otro. Se trata de que la mujer pueda convertirse en sujeto en lugar de ser objeto para el otro, de que desee y no de que sea solo motivo de deseo. Todo esto no solo depende de que la mujer lleve a cabo un cambio de conciencia a nivel personal, sino también de que la cultura modifique su manera de pensar. Se trata de conectarse con ese lugar profundo en el interior de todo ser humano donde está la conciencia, la

---

[162] Debold, *op. cit.*

VII. ¿QUÉ PROPONGO?

no es responsable de la situación. De ahí que Sofonbu, como ella misma asegura, se asustase tanto la primera vez que oyó a alguien decir que tenía un problema. Sobonfu también contempla una dimensión espiritual en cada conflicto emergente:

> Para nosotros las relaciones íntimas no están pensadas ni se promueven para alcanzar la felicidad personal, sino para que podamos cumplir con nuestra misión de vida. Así las relaciones personales recuperan un contexto sagrado. Nosotros decimos que cuando hay un problema, entonces los ancestros buscan hacer el trabajo para que esas personas descubran su don. Pero en Occidente la comunidad no sabe reconocer el don de las personas ni contribuye a que lo desarrollen y así es mucho más difícil fluir porque un don reconocido resulta más ligero de llevar.[164]

Este espíritu que está en todos nosotros se expresa en la intimidad. Por eso resulta crucial cultivarla, crear ese espacio de entrega y confianza en el otro donde las almas se tocan y entran en un profundo contacto. Sin embargo, nuestra sociedad está tan alejada del culto a la intimidad como de la espiritualidad y los rituales que facilitan la conexión con ella. Para los dagara, la tribu a la que Sobonfu pertenece, la comunidad es el espíritu. Nosotros, al haber perdido esta noción de comunidad, hemos perdido cualquier vínculo con lo sagrado.

PASOS LOGRADOS, PASOS POR RECORRER

En nuestro camino de progreso, dejamos a los adolescentes que tengan diferentes relaciones antes de que se queden con una. Se les permite experimentar sexualmente, ya sean hombres o mujeres. Cada vez se abre más la posibilidad de intercambios

---
[164] Ídem.

sexuales en las parejas estables, que buscan con ello estimular el deseo conservando la complicidad, tener experiencias nuevas y desarrollar el placer y su plasticidad sexual. En las sociedades occidentales, las mujeres gozan de más libertad sexual que nunca y ganan cada día nuevos derechos. Pero la comunidad no sostiene a las mujeres cuando estas se quedan solas con hijos. Si lo hiciera de verdad, las mujeres podrían también abrazar el placer sin estar preocupadas por buscar un hombre que les proporcionara seguridad.

Nuestro exceso de individualismo nos desvincula de la comunidad y esta deja de ser un soporte. Cada vez vivimos más atomizados, las familias son más pequeñas y están más aisladas unas de otras. De lo que todavía estamos muy lejos es de las comunidades en las que se comparte todo y existe el apoyo mutuo del que habla Sobonfu; no creemos que la comunidad sea más importante que el individuo. Nuestro ego está antes. Todavía no hemos comprendido que la sexualidad puede ser una creación de lazos afectivos y un punto de unión de los miembros de una comunidad al afianzar las relaciones existentes entre ellos. Para hacerlo, tendríamos que aceptar una moral sexual más liberal. Los contactos sexuales entre miembros de la misma sociedad tendrían que dejar de ser tabú y no deberían ser castigados a no ser que se dieran con violencia y falta de respeto.

Se condenan los abusos, pero una muchacha de dieciséis años puede casarse con un hombre de treinta y siete sin que esta relación se considere abusiva porque de por medio hay un ritual llamado matrimonio. El abuso es demasiado común en nuestras sociedades como para omitir que tal vez responda a una necesidad del ser humano que desatendemos, que negamos o no canalizamos adecuadamente. En sociedades más liberadas sexualmente, el abuso se produce con menos frecuencia. Somos seres muy sexuales que intentan ceñirse a reglas establecidas, y cual no tiene género. Cuando se posee esta conciencia profunda, uno puede liberarse de las identificaciones del pasado. Esta conciencia desarrolla un nuevo potencial creativo. Descubrimos que estamos todos unidos —por tanto, no separados— y desde esta conciencia de unidad podemos trabajar juntos para crear la nueva cultura, una que ya no nos divide ni dentro ni fuera; ahora nuestro interior y nuestro exterior son uno. Es la posibilidad de convertirnos en humanos entre nosotros, en conjunto. Este es el nuevo momento al que podemos llegar como humanidad.

Meditar es una vía de adentrarse en lo más profundo de nuestro interior, y a la vez en este viaje nos conectamos con lo más grande que conforma el mundo y que podemos llamar Dios, universo, amor, naturaleza o espíritu.

EL SOPORTE DE LA COMUNIDAD

Sobonfu Somé, una de las voces de la espiritualidad africana más escuchadas, explica que en Burkina Faso, el país en el que ella nació, las relaciones de pareja constituyen una bendición del espíritu. Una pareja se une porque así cada uno fortalece su don, la misión que han venido a cumplir en esta vida. Estando juntos, uno al lado del otro, pueden ofrecer mejor servicio al grupo:

> Por eso la comunidad te apabulla tanto cuando percibe que no estás bien con tu pareja. Se encarga de que esa relación siga viva. Y también por ello cualquier relación se inicia con el apoyo de la comunidad mediante un ritual que la bendice. Creemos que toda pareja necesita una comunidad saludable que la pueda apoyar ante las dificultades, sino su mundo se encogerá cada día un poco más, acabarán sintiéndose oprimidos y explotarán. Mi madre pensó que estaba loca cuando supo que en Estados Unidos yo vivía a solas con mi marido. Para ella era inconcebible vivir así porque

no hay ningún tipo de energía externa que apoye y fortalezca la relación y estamos solos para solucionar cuantas dificultades surjan lo cual es imposible. La comunidad te ayuda a ver aquello que no entiendes del otro. Una comunidad es un lugar donde se puede encontrar un hogar para el corazón y el alma. También tiene la función de mediador. Por otra parte, las crisis de pareja sirven para que puedas renovar las gafas con las que miras a esa persona. En mi tradición el conflicto es bueno porque es un barómetro para saber si la relación sigue viva. Creemos que tenemos el control de nosotros mismos y de nuestras relaciones, pero de hecho no es así. En Occidente veo muchas relaciones amorosas en las que impera el control y el ego. Para devolver la salud a esas relaciones las personas deben entender que la base es el espíritu y olvidar el control y el ego.[163]

Debemos honrar la sexualidad como algo sagrado. Conviene recrear espacios donde las mujeres puedan intercambiar libremente experiencias para hablar de su sexualidad y reconectarse con la esencia de lo femenino. Se sentirán así reforzadas por la comunidad y no como personas que tienen que resolver sus dilemas de manera individual sin ningún apoyo externo. Frecuentar grupos exclusivamente formados por hombres permitiría impulsar y reforzar el nacimiento de una nueva masculinidad. Sobonfu explica que en su cultura los problemas no son privados, incluso las desavenencias de la pareja se resuelven en la comunidad. El poder del individuo no puede desligarse del entorno que lo protege y le permite desarrollar lo mejor de sí mismo. Cuando alguien sufre un problema, se interpreta que este hace emerger un conflicto arraigado en el mismo tejido del sistema y que esa persona únicamente lo pone de manifiesto,

---

[163] Díez, Sílvia. «Hay que compartir lo que se tiene». Entrevista a Sobonfu Somé, en *CuerpoMente*, n.º 249, enero de 2013, pp. 80-83.

VII. ¿QUÉ PROPONGO?

como el matrimonio no puede cubrir todas estas necesidades sexuales, entonces se satisfacen en la clandestinidad consumiendo a escondidas pornografía, realizando abusos, etcétera... De hecho, en las sociedades y culturas en las que el sexo está más permitido y es algo abierto, sus miembros tienen relaciones sexuales desde una edad más temprana.

En el siguiente testimonio no solo se habla desde una nueva perspectiva de los abusos, sino también de un tipo de sexualidad que no está dentro de las relaciones sexuales aceptadas por el patriarcado, con la consiguiente culpabilización y sufrimiento derivados de ello:

> Mis primeras relaciones sexuales se dieron dentro del entorno familiar. Mantenerlas en secreto era fundamental por el parentesco y por la diferencia de edad. Nada de aquello encajaba en la construcción social de relación aceptable. A medida que fui creciendo empecé a pensar que había sido abusada, ya que era demasiado niña para tener aquel tipo de contactos con un hombre tan mayor. Sin embargo, yo me sentí querida y deseada. Con diez años viví por primera vez lo que es que otra persona me mostrase el amor a través de la sexualidad. Si pienso en las normas sociales, fue un abuso; si pienso en lo que yo sentía, fue mi primer amor. Tan importante para mí, que ocho años después, desde el amor y el deseo que conscientemente sentía, le busqué y volvimos a mantener relaciones. Ahora soy consciente de que cerré la historia desde lo orgánico, no desde las convenciones establecidas. Y me alegro por ello. Un tiempo después, movida por la curiosidad, el deseo de experimentar y la atracción de todo lo que queda al margen de lo socialmente establecido, entablé una relación en trío. Que me permitió experimentar, saciar mi curiosidad y mi deseo con ambos sexos a la vez. Sin embargo, aquello tampoco era correcto. Por tanto volví a experimentar una sexualidad enmarcada en lo prohibido. Tras varios intentos por tener relaciones normalizadas con hombres, que se

suponía que era lo que me tocaba, decidí responsabilizarme de mi sexualidad. Mi deseo me suele llevar a poner la mirada en las mujeres. Una vez más volví a entrar en un estilo de relación marginal y, de nuevo, intenté mantenerlo en secreto. Ha sido mi propio empoderamiento a través de la terapia y de la madurez adquirida con el paso de los años lo que me ha permitido sentirme fuerte como para decidir dar el paso de decir que soy una mujer que desea y ama a mujeres. Por supuesto que en todo este proceso he vivido momentos complejos, bañados por el miedo, la vergüenza y la culpabilidad. Durante años he sentido que mi forma de amar era incorrecta. Hubiera querido ser hombre, hubiera querido ser heterosexual, hubiera querido tener un deseo que se despertase solo en el marco de una pareja estable, pero todo esto no se ha dado. Y todo ello ha hecho que en muchos momentos reconociera mi sexualidad como una parte oscura de mí, que me colocaba en intensas disonancias que no siempre me permitían desinhibirme y disfrutar con plenitud. Desaprender lo aprendido ha sido un camino de veinte años, y creo que aún me queda un largo trecho por desbrozar.

Podríamos contemplar este relato simplemente como una sucesión de relaciones amorosas y de contacto con distintas personas.

Una nueva visión de la regla

> Así, a pesar de tratarse de un proceso natural, [la regla] sigue creando barreras entre madre e hijas, maridos y mujeres, hermanas o amigas y provoca que muchas mujeres vivan odiándose a sí mismas y sintiéndose culpables por la depresión, irritabilidad hinchazón y torpeza que padecen durante esos días del mes.
>
> Miranda Gray[165]

---

[165] Gray, *op. cit.*, p. 19.

Dentro de esta nueva visión que propongo, en la que el cuerpo y el sexo dejan de ser algo dominado, clandestino y tabú, la regla debería salir a la luz y convertirse en un elemento que permita la reconexión con el cuerpo y con la naturaleza. La menstruación produce una serie de cambios físicos y emocionales en la mujer. Yo, por ejemplo, noto que tengo más necesidad de encerrarme en mí misma. No me duele el cuerpo, pero me siento con más ganas de dormir, de descansar y de estar aislada. Tengo que forzarme para salir de casa, estar con la gente y contactar con el exterior.[166] Es una gran oportunidad para la mujer de regenerarse tanto física como emocionalmente. Hablo de un proceso energético y emocional a la vez que físico. Por eso muchas mujeres lloramos durante los días en que tenemos la regla. Es importante dejarse entrar en la sensación de vacío que se da justo en el momento en el que aparece el sangrado, que se manifiesta en una pasión de sueño y de entrar en una especie de abismo en el que se puede soltar la mente y toda la musculatura.

Si nos dejamos entrar en este estado alterado de conciencia, parecido a la bajada de una sustancia alucinógena que dura poco tiempo (unos minutos), sin estar en la acción, sin obligarnos a sostener las obligaciones, lograremos hacer una depuración del estrés y de la tensión acumulados durante todo el mes.

Según el katsugen, la regla debe respetarse como un importante momento de la mujer para estar con ella misma e integrar lo que ha vivido durante el ciclo a todos los niveles. Es una oportunidad que tiene para recuperar el equilibro en su salud. Y gracias a esta variabilidad hormonal que vive la mujer, puede estar más en contacto con su cuerpo si le presta atención. El katsugen asegura que la regla es como un parto en el que no

---

[166] Brizendine, *op. cit.* Estos cambios se explican por la disminución de estrógenos y progesterona que se produce con la menstruación.

hay fecundación, pero donde la mujer expulsa el óvulo que no se ha desarrollado. La regla se ve como una especie de pequeño alumbramiento en el que la mujer abre su pelvis. De hecho, las contracciones que sufre la pelvis son parecidas a las que experimenta la parturienta. Y si el cuerpo de la mujer se bloquea, si por lo que sea no deja que se lleve a cabo este movimiento de apertura pelviana, entonces la regla duele. Las crestas ilíacas se abren durante la menstruación y después se vuelven a cerrar. Si la mujer está tensa y tiene bloqueada esta zona, entonces es fácil que la menstruación se convierta en un proceso doloroso, algo que es muy frecuente dado el ritmo frenético que se impone la mujer en la sociedad actual, en la que solo es importante producir y rendir. Entonces, en la medida en que la pelvis está libre, la regla fluye sin dolor. Una pelvis sin bloqueos se abre también al deseo, se siente libre, se sitúa en la alegría y el instinto. Pero moverla, sacudiendo las caderas, puede verse como un signo de provocación y las mujeres lo evitamos, es decir, nos reprimimos.

El aislamiento que se imponía inicialmente en las sociedades primitivas a las mujeres que tenían la menstruación no era un castigo, sino una oportunidad de descanso a todos los niveles. Además, la mujer en ese momento posee una menor capacidad de concentración y para relacionarse.

Dentro de un grupo de mujeres, la regla acaba sincronizándose y apareciendo en todas al mismo tiempo, lo que permite una relación especial entre ellas basada no en la palabra, sino en compartir el estar y la contemplación. Facilita la manifestación de los estados de ánimo que se experimentan en ese momento sin necesidad de cambiarlos, sino simplemente permitiéndoles ser. Es un buen momento para descansar, dejarse estar y no ser productivas. Para experimentar emociones y marcar un antes y un después.

Se nota también en el ámbito lingüístico: hay menos estrógenos y, por tanto, menos fluidez en el lenguaje. Para mí, la menstruación es un momento de soltar en el que me permito integrar lo vivido sin estar volcada en el afuera.

Como cuenta el escritor y maestro Eckhart Tolle, la menstruación brinda la oportunidad de adentrarse en una conexión espiritual,[167] algo que me ocurre personalmente: estoy más en contacto con la energía sutil, poseo más intuición porque también me siento más sensible. Me resulta más fácil meditar porque no estoy tan activada mentalmente y así me deslizo hacia el vacío. Curiosamente, en nuestra cultura los anuncios de compresas muestran a una mujer que es todo lo contrario a lo que describo: una mujer activa, alegre, extrovertida, volcada en el afuera, indiferente a lo que ocurre en su cuerpo porque puede hacer de todo sin prestarle atención. Y si hay dolor, se toman unas pastillas y siguen adelante. La regla se oculta, simulamos que no nos pasa nada...

El estado contemplativo más propio de este momento del ciclo de la mujer está mal visto por nuestra sociedad, en la que se vive mal la parte más intimista de la persona: la atención se centra en el exterior. Pero la menstruación no te lleva a la acción, sino más bien a mantener la mirada hacia el interior de una misma.

El katsugen se refiere a las europeas como las mujeres dragón, porque la pelvis pierde su flexibilidad y, además, ellas no se permiten entrar en contacto con su cuerpo y lo que acontece en él. Cuando existe un problema con la sexualidad, entonces la pelvis se bloquea. Opino que, a menudo, en el dolor menstrual subyace una evitación del deseo sexual, que existe y está ahí pero no se reconoce. Así, por ejemplo, con la masturbación puede aliviarse el dolor de la regla. Sin embargo, es algo que

---

[167] Tolle, Eckhart. *El poder del ahora: una guía para la iluminación espiritual*. Móstoles: Gaia ediciones, 2013 (ed. orig. 1997).

no se permite en la mujer. De la misma manera que al hombre le duelen los testículos cuando hace tiempo que no eyacula, a la mujer le duelen más los ovarios cuando hace tiempo que no experimenta un orgasmo.

Cuando una mujer sufre dolores en la regla, puede ocurrir que se le diga que tiene problemas con su feminidad. Recuerdo perfectamente que en una etapa de mi juventud padecí dolores menstruales muy fuertes y los médicos los atribuyeron a mi falta de feminidad. Sentía dolor y, para colmo, me culpaban por tenerlo. Hubiera sido muy diferente si me hubieran dicho: «Sufres un bloqueo porque necesitas tener más relaciones sexuales». Y este era el remedio, dado que los dolores aparecieron después de cortar con la primera pareja sexual que había tenido. Me recriminaban que no era lo bastante pasiva cuando lo cierto es que estaba reprimiendo una potencia sexual que años antes había expresado y ahora se quedaba bloqueada.

La regla y el ciclo femenino hacen que la sexualidad varíe en cada momento de este proceso. Una sexualidad que no puede ser exactamente igual todo el tiempo, una variación que el hombre no necesita. Después de la menstruación, a las mujeres les puede gustar un «aquí te pillo, aquí te mato», y cuando están en la ovulación, quizá necesiten más ternura y afecto en la relación sexual. Justo antes de la regla, suelen mostrarse más agresivas.

En los talleres de sexualidad que yo impartía, preguntábamos a los hombres qué les gustaba más del sexo. Casi siempre había prácticas sexuales que gustaban tanto a ellos como a las mujeres. Aunque podemos tener las mismas preferencias, en las mujeres siempre se manifiesta la necesidad de que haya variabilidad, cambio y poca rutina en las relaciones sexuales. En contraste, a los hombres no les importa que se lleven a cabo siempre de la misma manera. Esto incluso puede darles seguridad. Los hombres suelen estar encantados de que les ofrezcamos esta información porque, simplemente, no son conscientes de esta necesidad nuestra porque no se la hemos comunicado.

Pero es que a menudo la propia mujer no sabe qué le ocurre ni lo que necesita. Debemos preguntarnos: «¿Cómo me siento hoy?, ¿qué me apetece?», en lugar de: «¿Qué toca hoy?».

Miranda Gray ofrece un trabajo específico para saber en qué momento del ciclo estás, qué tipo de emociones y sensaciones tienes para aprovechar este potencial. Para familiarizarse con los ciclos de la menstruación, Gray propone ejercicios y visualizaciones para recuperar el poder en ellos. No estoy hablando de plantearse un nuevo reto, sino de dejarse ser. La mujer debe olvidarse de la superación. Entregarse al placer es lo que necesita.[168]

Recuperar la relación madre-hija

Todas somos hijas del patriarcado y si Dios es padre, solo nos queda ocupar el lugar de hijas. Esto es cultural y nos lleva siempre a colocarnos en una posición de «ser pequeñas y menos», sin tener la oportunidad de crecer dado que no existe el lugar de igual a igual al lado de este padre, de este Dios patriarcal sin esposa. En este contexto, muchas hijas, ya desde la más tierna infancia, rechazamos el modelo materno y nos centramos en emular e identificarnos con nuestro padre. Nos decimos a nosotras mismas: «Mi madre no me gusta, quiero ser como mi padre». Se trata de mensajes y comportamientos completamente inconscientes. A menudo, esto lleva a rechazar todo aquello relacionado con las características asociadas a lo femenino. De este modo damos la espalda a un 50 % de nosotras mismas y se origina una lucha interna de difícil solución.

Tanto Marion Woodman como Maureen Murdock desta-

---
[168] Gray, *op. cit.*

can que estas mujeres que se identifican con el padre realizan una importante renuncia a su instinto, desconectándose de sí mismas, de su cuerpo y sus variaciones hormonales: tienen como único objetivo identificarse con el poder y con su parte más masculina y, para ello, necesitan rechazar su conexión corporal. Así entran en relaciones de dominador-dominado más propias del patriarcado. A esto se añade su innato poder emocional, que las lleva a hacerse cargo de la herida paterna compitiendo con su propia madre por su cuidado y diciéndole: «Yo soy mejor que tú porque le entiendo y le doy lo que él quiere». Luchan todo el tiempo por ganarse el afecto del padre y de la cultura que este representa, identificándose exclusivamente con el ideal masculino de mujer, es decir, con el arquetipo de Atenea. Y en esta identificación y deseo de ser perfectas y masculinas no somos conscientes de la presión a las que nos estamos sometiendo, y proyectamos este malestar en las relaciones que creamos con los hombres responsabilizándolos del dolor que sentimos. Necesitamos sanar nuestra masculinidad, iluminar esas partes de nosotras que están en la oscuridad e integrar la feminidad para recuperar el equilibro.

Para mí lo más importante en este caso es la renuncia por parte de la madre, con la que, en lugar de construir un movimiento feminista basado en lo instintivo, en lo sexual y en la fuerza de las mujeres, se erige una copia del modelo patriarcal y masculino. En su raíz, el propio movimiento de liberación de la mujer nace mutilado y desconectado del cuerpo al basarse en el poder, la razón y la competitividad en lugar de en la creatividad. Para conseguir los derechos propios de un ciudadano de primera categoría, para alcanzar el poder en esta sociedad, la mujer debe desidentificarse de aquello que constituye el mundo de los valores femeninos, de la naturaleza, de lo divino y llegar a matar una parte esencial de sí misma. Lo consigue todo, pero se sigue sintiendo vacía e inerte por dentro. De la misma forma

VII. ¿QUÉ PROPONGO?

que la mujer adquiere su apellido por vía paterna, recibe el modelo patriarcal para integrarse en la sociedad y adquirir valor sin escucharse a sí misma y su deseo.

Esto no solo es propio de las mujeres, sino que toda la sociedad actual está desvinculándose de la naturaleza para conseguir más poder y competitividad, hasta el punto de que la misma concepción de los bebés se lleva a cabo de manera artificial y racional en un laboratorio, en una probeta. Todo, incluso esto, se realiza fuera del cuerpo, desconectados de nosotros mismos, de nuestra esencia, de nuestra energía natural.

A pesar de la revolución que significó para mí el descubrimiento de las tesis junguianas de Murdock y Woodman, no conocí las teorías sistémicas de Bert Hellinger hasta el año 2000. Al leer las obras de este psicoterapeuta alemán, comprendí porque este fenómeno de rechazo de la madre se daba más profundamente en algunas mujeres. Hellinger sostiene que cuando un nuevo miembro llega a la familia, este se inmerge en la historia y las vivencias de esta familia o sistema con sus experiencias, sus huecos y sus formas de relación. Además, considera que la familia es un sistema que funciona como un todo y no admite exclusiones, además de tener un orden jerárquico y de respetar el equilibrio entre lo que se da y se toma entre sus miembros. Si en el sistema ha habido pérdidas o relaciones no reconocidas, el nuevo miembro recién llegado puede ocupar uno de estos huecos dejados por los que han muerto y representar a estas personas no reconocidas a través de su manera de vivir y de su comportamiento.

El biólogo molecular y genetista Moshe Szyf y el neurobiólogo Michael Meaney, colegas en la Universidad McGill de Montreal, han demostrado que las experiencias traumáticas de nuestro pasado, así como las vividas por nuestros ancestros inmediatos, dejan huellas moleculares adheridas a nuestro ADN. Esta huellas influyen también en las razas y en los pueblos. Desde este punto de vista, las experiencias de nuestros ancestros modelan nuestra propia experiencia del mundo a través de la herencia genética, además de, naturalmente, de la cultural. El ADN no se altera en sentido estricto, pero las tendencias psicológicas y de comportamiento se transmiten: una mujer puede no haber heredado los ojos de su abuela, pero sí su rabia.

¿Qué factores influyen para que una mujer se identifique únicamente con el padre y se convierta en una hija de este negando a la madre? Según Hellinger, cuando hay hijos muertos o abortos previos al nacimiento de la hija, esta toma su lugar para que sean reconocidos en el sistema, que suele olvidarlos. Esto impedirá que ella conecte con la vida y, por tanto, con la madre que la representa. Las separaciones en el primer año de vida entre la madre y la hija, debidas a diferentes motivos y circunstancias (nacimiento de un nuevo hermano, separaciones por trabajo, por enfermedad...), también determinan la relación entre ambas, ocasionando una desidentificación derivada del bloqueo emocional que este alejamiento ha ocasionado en la hija (rabia, tristeza, etcétera). También son determinantes las relaciones mantenidas por el padre anteriormente que no han sido reconocidas. La hija tiene tendencia a identificarse con esta primera mujer o novia de su padre convirtiéndose en rival de su propia madre biológica. Cuando los parientes del padre desvalorizan a la madre —la esposa del hijo—, a la nieta le costará también amar a esta última, ya que al hacerlo sentirá interiormente que los está traicionando.

Quizá no haya ocurrido nada de todo esto en una relación madre-hija, pero probablemente sí aconteció en generaciones anteriores a ambas. Es decir, cuando una abuela o una bisabuela no ha podido relacionarse adecuadamente con su hija, esto repercutirá en las generaciones de mujeres posteriores. Si una madre ha muerto cuando la hija era muy pequeña o en el parto, esto dificultará el vínculo entre madres e hijas en el resto de las generaciones venideras.

VII. ¿QUÉ PROPONGO?

Para reparar este vínculo madre-hija deteriorado por distintas causas, es necesario —como mujeres— tomar a nuestra madre, asumir sus características y aceptar su esencia. Hellinger asegura que la conexión con la madre es la que nos permite la conexión con la vida. Recuperar la relación con la madre es valorar positivamente este vínculo más allá de lo que el patriarcado propone, es valorar el esfuerzo y el dolor de las mujeres padecido a lo largo de muchas generaciones, darle un lugar en nuestro corazón, aceptarlo y amar lo que así ha sido. Reconocer que poseemos unas características similares y propias a todas nuestras antepasadas que nos conforman y de las cuales descendemos.

UNA ESCUELA DE CONTACTO Y SEXO

En esta entrega al placer, tan importante como la libertad y la conexión corporal es la capacidad de entregarse al humor. El humor permite trascender el dolor, desdramatizar cualquier circunstancia y es el mejor antídoto al perfeccionismo que destruye a la mujer, al hombre y muchas relaciones sexuales. Permite los fallos, equivocarse y diluir la competitividad. Facilita aceptación, ayuda a relajar la musculatura, genera endorfinas y desconecta el neocórtex. Es un ingrediente que debería integrarse en cualquier abordaje de la sexualidad que se lleve a cabo desde la más tierna infancia. Los niños no paran de reírse cuando se les habla de sexo, lo que contribuye a combatir la inhibición.

«En el sistema actual, se mata todo aquello que no se enseña», señala el ensayista e investigador Nassim Nicholas Taleb.[169] Si esta afirmación es cierta, en nuestra sociedad se está

---

[169] Gragera de León, Flor. «Nassim Nicholas Taleb: el antigurú que vio venir la crisis». Entrevista en *El País*, 7 de julio de 2013. <http://cultura.elpais.com/cultura/2013/07/04/actualidad/1372948269_591349.html>.

aniquilando el sexo ya que las enseñanzas sexuales están más dirigidas a prevenir embarazos y enfermedades de transmisión sexual que a mostrar cómo obtener más placer, más orgasmos, cómo acariciar, cómo tener contacto, cómo sentir nuestro deseo y abrazarlo, cómo no traicionarnos a nosotros mismos... Si el contacto físico y la sexualidad fomentan los vínculos y estrechan los lazos dentro de una comunidad, ¿por qué no enseñar cómo conseguirlo?

Todavía no he desarrollado una propuesta práctica concreta más allá de lo expuesto hasta ahora, aunque es una posibilidad, pero tengo el total convencimiento de que la superestructuración en la que estamos inmersos no deja espacio a la espontaneidad. Llevamos tanto peso normativo y regulativo, el de lo que se puede y no se puede hacer, el de lo que es correcto e incorrecto, que hemos perdido el contacto con la creatividad y lo que surge de nuevo en nuestro comportamiento. Lo nuevo comporta cambio y asusta. Maturana asegura que el sexo es sinónimo de intimidad y que una sexualidad plena implica la aceptación total del cuerpo del otro, una aceptación que la madre vive con el cuerpo de su hijo y este con el de ella, de modo que esta relación acaba siendo también sexual. Pero este contacto se pierde a medida que el hijo crece y dejamos de sentir la aceptación del cuerpo del otro, perdemos el gusto del contacto. A causa del miedo que nos genera nuestra sexualidad, renunciamos a la necesidad de contacto que todo mamífero tiene. Además, la sociedad ha dejado de ver el cuerpo como algo perfecto en sí mismo alejándonos de nuestra necesidad de contacto.

Anteriormente ya vimos que, en otras culturas, a los jóvenes —ya sean hombres o mujeres— se les muestra cómo conocer su necesidad y satisfacerla, se les dan lecciones de cómo pueden conseguir más placer y proporcionarlo a sus compañeros de juegos sexuales. Jung explicaba que la mujer del jefe de una tribu

VII. ¿QUÉ PROPONGO?

africana se acostaba con todos los jóvenes de esta; cuando al jefe se le preguntó por qué lo permitía, respondió: «¿Acaso mi mujer se desgasta? Al contrario, el sexo de una mujer florece con el uso». En ciertas comunidades africanas, las mujeres ofrecen óleos a las jóvenes para que se froten el clítoris con ellos y conseguir así que se desarrolle la sensibilidad de este órgano. En nuestra sociedad tampoco se cultiva la intimidad. Hablar de sentimientos y emociones, abrirse al otro sin tapujos, se contempla como un peligro, una muestra de vulnerabilidad. La intimidad en las relaciones —no solo en las sexuales, sino en general— es un valor que debemos recuperar. Esto incluye al hombre, que realiza un acompañamiento en el proceso. Aunque todo mi discurso podría interpretarse como una acusación continua contra los hombres, no es lo que pretendo: busco una nueva visión de las relaciones y de la mujer, así como de la sexualidad.

MI SUEÑO, NUESTRO SUEÑO

El cielo es el límite para la mujer.
ANNA MARIA VAN SCHURMAN[170]

Espero que este libro no sea interpretado como una lista de acusaciones contra el hombre ni tampoco como una enumeración de nuevas obligaciones que sumar al extenso cuaderno de «deberías» que la mujer ya gestiona diariamente. Mi única ilusión es que, a través de la lectura de *Nacidas para el placer*, cada mujer identifique qué aspectos de su funcionamiento habitual están aún vinculados a esta ideología desvalorizante y anoréxica que nos ha marcado a todos profundamente. Mi intención es la de abrir al placer puertas que aún permanecen cerradas sin

---

[170] Teóloga, pintora y poeta germano-holandesa del siglo XVII.

ser conscientes de ello. Algunas dirán: «Pero si ya estoy liberada»... Yo también estaba convencida de que había crecido fuera de la estructura patriarcal y me sentía privilegiada por ello. Sin embargo, después de años de trabajo personal, el proceso de escritura de este libro ha iluminado zonas de mí que seguían oscuras sin yo saberlo. Y así me ha sido desvelado en sueños. El último de ellos expresaba una necesidad de renacer desde otro lugar: «Me encontraba en la sala de partos de un hospital, en la que una mujer que estaba a punto de dar a luz se encontraba tendida en la camilla. Junto a ella había tres personas: quien la acompañaba en el parto, una adolescente y yo. Todos la mirábamos con atención y, de repente, alguien exclamó:

—No se percibe, pero esta mujer está llena de agujeros que no se ven desde fuera. Están por dentro.

Yo observaba atentamente a la mujer y me estremecía ante su rostro deforme lleno de tubos hechos de carne...

—En la parte baja de su cuerpo tiene tatuados unos jeroglíficos y una esvástica. Está marcada —comentaba la ginecóloga que estaba a punto de atenderla en el parto—. Tendremos que avisar a la policía para que investigue qué le ha ocurrido.

Vi que también le brotaba sangre del pecho.

—Hay que realizar una cesárea.

No era una simple afirmación. Nos dimos cuenta de que la ginecóloga nos pedía nuestro consentimiento antes de seguir adelante. Y todos los presentes asentimos.

Tras estos momentos de tensión, poco después nacía una niña preciosa. Era un bebé de piel rosada, pequeño y adorable. La adolescente lo cogía en brazos y estaba feliz de acunarlo y abrazarlo.

—Tenemos que llamar al padre —dijo la joven con alegría».

Siento que todas somos esta mujer agujerada y deforme que puede darse a luz de nuevo completa y sin huecos, sintiéndose plena, querida y abrazada por todos, y sobre todo por sí misma. Una nueva mujer que deja de sangrar. Espero que, como ocurre en mi sueño, la mujer pueda nacer para el placer y tenga un final feliz aunque penetrar en sus entrañas le cueste un proceso de cesárea.

Visualiza a tu madre tras de ti, sonriéndote, y tras ella a la madre de tu madre poniéndole la mano en el hombro y sonriéndole también. Y tras ellas, a todas las generaciones y generaciones de mujeres que han hecho posible que estés aquí, viva. Siente cómo ellas te han trasmitido esta llama, la llama de la feminidad y de la vida. La tienes en tu mano y tú eres la portadora de esa fuente de luz, bienestar, placer y vida. Tú eres la encargada de mantenerla encendida y de transmitirla al resto de mujeres que están por venir.

Los indios navajos cuentan la siguiente historia sobre la creación del mundo, en la que la mujer dice a su consorte:

> Recuerda, aunque seamos diferentes, tú y yo somos un solo espíritu. Aunque seamos disímiles, tú y yo tenemos igual valor. Aunque tú y yo seamos distintos, debe haber siempre solidaridad entre nosotros. Como tú y yo somos distintos, no puede haber armonía en el universo mientras no haya armonía entre nosotros. Para que esa armonía sea posible, mis peticiones deben importarte. Mis necesidades son tan importantes para mí como las tuyas para ti. Mis caprichos cuentan tanto como los tuyos. Mi fidelidad a ti tiene la medida de tu lealtad hacia mí. Mi respuesta a tus necesidades es un reflejo del modo en que tú respondes a las mías. No hay nada más de lo que va de mí hacia ti de lo que viene de ti hacia mí. Ni nada menos.[171]

---

[171] Esta historia es explicada por Maureen Murdock en muchos de sus seminarios.

Bibliografía esencial

ABÉCASSIS, Éliette y BONGRAND, Caroline. *El corsé invisible. Manifiesto para una nueva mujer.* Barcelona: Urano, 2008.

BÉJAR, Sylvia de. *Tu sexo es aún más tuyo. Todo lo que has de saber para disfrutar de tu sexualidad.* Barcelona: Planeta, 2007.

BOLEN, Jean Shinoda. *Las diosas de cada mujer.* Barcelona: Kairós, 2013.

BOLINCHES, Antoni. *Sexe savi: com mantenir l'interès sexual en la parella estable.* Barcelona: Pòrtic, 2002.

BRIZENDINE, Louann. *El cerebro femenino.* Barcelona: RBA, 2007.

DELGADO, Josep Francesc. *Sota el signe de Durga.* Barcelona: Columna, 2013.

DESPENTES, Virginie. *Teoría King Kong.* Barcelona: Melusina, 2007.

DURAS, Marguerite y Gauthier, Xavière. *Les parleuses.* París: Minuit, 1974.

FAUSTO-STERLING, Anne. *Cuerpos sexuados.* Barcelona: Melusina, 2006.

FLAUMENBAUM, Danièle. *Mujer deseada, mujer deseante.* Barcelona: Gedisa, 2007.

GARCÍA LEAL, Ambrosio. *La conjura de los machos.* Barcelona: Tusquets, 2005.

GRAY, Miranda. *Luna roja: los dones del ciclo menstrual.* Móstoles: Gaia, 2009.

GREER, Germaine. *La mujer eunuco*. Barcelona: Kairós, 2004 (ed. orig. 1970).

HAN, Byung-Chul. *La sociedad del cansancio*. Barcelona: Herder, 2012.

KOMISARUK, Barry R.; WHIPPLE, Beverly; NASSERZADEH, Sara y BEYER-FLORES, Carlos. *Orgasmo: Todo lo que siempre quiso saber y nunca se atrevió a preguntar*. Barcelona: Paidós, 2011.

LIPTON, Bruce H. *La biología de la creencia: la liberación del poder de la conciencia, la materia y los milagros*. Móstoles: Gaia, 2011.

MUNTANÉ COCA, María Dolores. *La maté porque era mía*. Madrid: Díaz de Santos, 2012.

MURDOCK, Maureen. *Ser mujer: un viaje heroico*. Móstoles: Gaia, 1993.

— *La hija del héroe*. Móstoles: Gaia, 1996.

NARANJO, Claudio. *La agonía del patriarcado*. Barcelona: Kairós, 1993.

— *La mente patriarcal*. Barcelona: Integral, 2010.

NARDONE, Giorgio. *Los errores de las mujeres (en el amor)*. Barcelona: Paidós, 2011.

NERUDA, Pablo. *Confieso que he vivido*. Barcelona: Seix Barral, 2002.

NORTHRUP, Christiane. *Cuerpo de mujer, sabiduría de mujer: una guía para la salud física y emocional*. Barcelona: Urano, 2010.

ODENT, Michel. *Las funciones de los orgasmos: la vía rápida hacia la trascendencia*. Tegueste: Ob Stare, 2011.

RYAN, Christopher y JETHÁ, Cacilda. *En el principio era el sexo. Los orígenes de la sexualidad moderna. Cómo nos emparejamos y por qué nos separa*. Barcelona: Paidós, 2012.

SAMPEDRO, José Luis. *El amante lesbiano*. Barcelona: Plaza & Janés, 2000.

SOMÉ, Sobonfu E. *Enseñanzas africanas sobre el amor y la amistad* Barcelona: RBA, 2004.

TASSO, Valérie. *Diario de una ninfómana*. Barcelona: Plaza & Janés, 2003.

TAYLOR, Steve. *La Caída*. Barcelona: La Llave, 2008.

TREPAT, Carla. *El tesoro de Lilith: un cuento sobre la sexualidad, el placer y el ciclo menstrual*. Barcelona: ed. de la aut., 2012.

WAAL, Frans de. *El mono que llevamos dentro*. Barcelona: Tusquets, 2007.

WHITMONT, Edward C. *El retorno de la diosa. El aspecto femenino de la personalidad*. Barcelona: Paidós, 1998.

WOODMAN, Marion. *Los frutos de la virginidad*. Barcelona: Luciérnaga, 1990.

— *Adicción a la perfección*. Barcelona: Luciérnaga, 1994.

Artículos y otros

ALLENDE, Isabel. Conferencia magistral en el Segundo Congreso Internacional La Experiencia Intelectual de las Mujeres en el Siglo XXI, celebrado en marzo de 2012.
<http://www.youtube.com/watch?v=tPuXKvHFtlE&list=PLC747DF3F43D079B7>.

El clítoris, ese gran desconocido, documental, dir. Michèle Dominici, 2003.
<http://www.youtube.com/watch?v=cTUA4Hl2hVg>.

GONZÁLEZ SAN EMETERIO, Azucena. *Perspectiva feminista y gestalt*. Tesina inédita, AETG, 2013.
<http://www.aetg.es/recursos/tesina/perspectiva-feminista-gestalt>.

PEREL, Esther. «El secreto del deseo en una relación a largo plazo», conferencia en TED, febrero de 2013.
<http://www.ted.com/talks/esther_perel_the_secret_to_desire_in_a_long_term_relationship.html>.

SANDBERG, Sheril. «¿Por qué tenemos tan pocas dirigentes mujeres?», conferencia en TED, diciembre de 2010.
<http://www.ted.com/talks/sheryl_sandberg_why_we_have_too_few_women_leaders.html>.

OTROS TÍTULOS DE

rigden institut gestalt

Joan Garriga Bacardí

¿DÓNDE ESTÁN LAS MONEDAS?
Las claves del vínculo logrado entre hijos y padres
Joan Garriga Bacardí

Ya nos enseña Confucio que solo puede ser siempre feliz el que sepa ser feliz con todo. En esta línea descubrimos que la contraseña que abre las puertas de la realización personal se compone de una simple sílaba: SÍ.
SÍ, a la vida, tal como es.

ISBN: 978-84-936706-7-2

Vicens Olivé Pibernat

PNL & COACHING
Una visión integradora
Vicens Olivé Pibernat

Este libro trata de cómo acompañar, a través de la PNL y el Coaching, a las personas y las organizaciones en sus cambios. Es un libro único por dos motivos. Primero porque recoge tanto los aspectos sencillos como los más complejos de la PNL y el Coaching actual, por lo que te puede resultar útil tanto para tus propios procesos de cambio como para abordar el Coaching profesional. Y en segundo lugar, porque reúne las principales corrientes del Coaching y describe los aspectos diferenciales de cada una de ellas, así como sus principales aportaciones.

ISBN: 978-84-937808-6-9

Enric Lladó Micheli

EL LIBRO GRANDE DE LA PNL
Enric Lladó Micheli y Allan Santos

Desarrollado en doce capítulos que van desde la Introducción a la PNL hasta la sección dedicada a descubrir "lo que quiero y lo que me frena", el lector puede transitar a través de estas páginas abordando los temas de aprender a escuchar, a conectar con el otro, a conectar y modificar los estados internos o, entre otros, a cambiar la percepción.

ISBN: 978-84-939172-2-7

Vivir en el alma
Joan Garriga Bacardí

Joan Garriga, experimentado y reconocido terapeuta en el campo de la Gestalt y las Constelaciones Familiares, nos muestra cómo poner orden en nuestros afectos y en nuestra vida interior. También nos enseña a rendirnos ante el misterio de la vida para alcanzar con ello un estado de paz y felicidad perdurables.

ISBN: 978-84-942348-4-2

Comunicación esencial
El arte de la comunicación contigo y con tus personas queridas
Vicens Olivé Pibernat

Es un sesgo muy humano crearse rutinas y no salir de ellas, y los aspectos comunicativos no son una excepción. Por ello, uno de los objetivos de esta obra es recordar los puntos más esenciales de una buena comunicación con la idea de reactualizarlos constantemente.Comunicarse bien no es tarea fácil —aunque tampoco difícil—, pero debemos poner todo nuestro empeño en conseguirlo si queremos alcanzar mejores resultados relacionales. Optimizar la comunicación da lugar a un mayor bienestar propio y ajeno, y por ello merece la pena que nos apliquemos en este campo tan necesario como imprescindible de nuestro día a día.

ISBN: 978-84-942348-1-1

La estupidez de las organizaciones
7 metáforas para el cambio
Enric Lladó Micheli e Igor Goienetxea Abascal

Un libro contracorriente, provocador y más necesario que nunca. Expone con contundencia lo que pocos se atreven a decir, y facilita claves sencillas para combatir la estupidez. Propone calma en lugar de prisa, honestidad en lugar de conveniencia, sencillez en lugar de complejidad. Sobre todo, propone responsabilidad en lugar de justificación.

ISBN: 978-84-942348-0-4

institut gestalt

institut gestalt
Verdi, 94 - bajos
08012 Barcelona
Telf. 34 93 2372815
Fax. 34 93 2178780
ig@institutgestalt.com
www.institutgestalt.com

ÁREA DE FORMACIÓN Y RECICLAJE PROFESIONAL
> Formación en Terapia Gestalt.
> Formación completa en PNL: Practitioner, Máster Practitioner, Trainer, PNL para el mundo educativo, etc.
> Formación en Hipnosis Ericksoniana.
> Formación en Constelaciones Familiares y en sus distintas especialidades: Pedagogía, Salud, Trabajo social, Organizaciones y profesión, Parejas, Ámbito jurídico y Consulta individual.
> Formación en Pedagogía Sistémica.
> Formación en Terapia Corporal.
> Formación en Intervención Estratégica.
> Formación en Coaching: Wingwave, Deportivo, Estratégico, Sistémico y Coaching con PNL.
> Talleres monográficos.
> Supervisión individual y en grupo.
> Desarrollo organizacional.
> Excelencia Directiva.

ÁREA TERAPÉUTICA Y DE CRECIMIENTO PERSONAL
> Terapias individuales, grupales, de pareja y de familia.
> Procesos de Coaching para personas y/o equipos.
> Tratamiento de trastornos del miedo, pánico, fobias, ansiedad, adicciones y obsesiones.
> Grupos de Crecimiento Personal y Trabajo Corporal.
> Constelaciones familiares, organizacionales y pedagógicas.
> Área de Terapias Creativas y Expresivas.
> Conferencias, coloquios, presentaciones de libros, etc.

PSICOTERAPIA, COMUNICACIÓN Y RELACIONES HUMANAS